AF564945

Oksana Sabuschko

Die längste Buchtour

Essay

Aus dem Ukrainischen
von Alexander Kratochvil

Literaturverlag Droschl

»Die Geschichte meines Lebens ist Teil der Geschichte meines Landes.« – Taras Schewtschenko, 1861

Anstelle eines Vorworts: Die Frau mit dem Koffer

Seit dem Jahr 2020 war es die erste Auslandsreise, um ein neues Buch vorzustellen. Die erste Reise nach zwei Jahren Lockdowns, Corona-Varianten (mir war es gelungen, mich mit Delta und Omikron anzustecken!), abgesagten Buchmessen, unzähligen anstrengenden Sitzungen mit verpixelten Gesichtern statt lebender Menschen und einer zuvor nicht dagewesenen – äußerst ungewöhnlich in einem Land, das innerhalb von dreißig Jahren drei Maidans erlebt hatte – Angst vor jeglicher Menschenansammlung. Es schien unglaublich, dass alle Einschränkungen vorbei sein sollten und der Buchmarkt wieder in gewohnte Bahnen zurückkehren würde. Ich hatte mich darauf eingestellt, dass dies nun so bleiben werde.
Ich sollte mich freuen. Aber irgendwie klappte es nicht mit der Freude. Am Morgen des 23. Februar 2022 packte ich mein Gepäck (einen kleinen Koffer, für insgesamt nur drei Tage, und für einen Katzensprung, von Kyjiw nach Warschau ist es eine Flugstunde, so als springe man mal zum Nachbarn gegenüber: zwei Auftritte sind zwei

Kleider, zweimal Unterwäsche zum Wechseln und eine Waschtasche mit Kosmetikartikeln), und während ich Gels und andere Sachen in kleine Reisedosen abfüllte, ein paar Vitaminpillen von den unhandlichen Blisterpackungen abschnitt und Kontaktlinsen abzählte, damit alles in die Tasche passte, tastete ich im Geiste meinen Gemütszustand ab wie ein Arzt ein krankes Organ ab – und ich musste feststellen, dass ich nicht im Entferntesten irgendeine freudige Erregung verspürte. Und dass ich – eigentlich seltsam – sogar erleichtert gewesen wäre, wenn diese Reise in letzter Minute hätte abgesagt werden müssen (nur vor dem Verlag wäre das höchst peinlich – sie haben dieses Buch so lange und mühsam vorbereitet, und für sie ist es der erste Besuch einer ausländischen Autorin nach zweijähriger Pause, und das Buch ist auch nicht ganz einfach, eine Essaysammlung verkauft sich nicht von selbst … Ja, das war's, Ende der fruchtlosen Prokrastination, überleg lieber, welche Schuhe du mitnimmst!).
Ich schrieb die fehlende Begeisterung dem »Trauma von 2020« zu. In jenem Frühjahr überrollte die erste Welle des Lockdowns ein anderes übersetztes Buch von mir – die amerikanische Übersetzung meiner Kurzprosa, ein von langer Hand für die Veröffentlichung vorbereitetes Buch, das sogar von der New York Times als eines der »Hundert am meisten erwarteten übersetzten Bücher des

Jahres« angekündigt worden war war (wozu man mir in Kiew noch lange gratulierte, ukrainische Autoren waren in solchen Listen bisher noch nicht erwähnt worden). Die Veröffentlichung war für den 27. April 2020 geplant, das sollte auch das Datum meiner Ankunft in New York sein, gefolgt von einer stürmischen vierwöchigen Tour durch die Vereinigten Staaten, von der Ostküste zur Westküste und wieder zurück. Mit Universitäten, Buchhandlungen und Festivals, die farbenprächtig entlang des Weges aufgereiht sein sollten wie an einer Perlenkette. Die Planung war erfolgreich abgeschlossen (der Verlag hatte extra eine PR-Agentur engagiert), Flugtickets waren gekauft, sogar Ankündigungen mit meinem nachdenklichen Konterfei gedruckt und verteilt, als die Pandemie zuschlug – und im Laufe eines Monats mussten wir, der Verlag und die PR-Agentur, hilflos mitansehen, wie meine Tour starb – als würde ein Licht nach dem anderen in einem Haus zur Nachtzeit erlöschen (zuerst machten die Universitäten das Licht aus, dann die Buchhandlungen, danach kamen Entschuldigungen von lokalen ukrainischen Diaspora-Gemeinden, und als Letztes kapitulierte das New York World Voices Festival – das sich anscheinend bis zuletzt nicht damit abfinden konnte, dass so eine Menge Arbeit vor die Hunde gehen sollte …).

Das Buch wurde dann termingerecht, doch ohne mich, in

den USA veröffentlicht, alle Buchpräsentationen »gingen online« – und in wenigen Monaten konnte ich am eigenen Leib erfahren, dass der Buchmarkt, wie unsere gesamte, einst der Sonne Griechenlands entsprossene fünftausend Jahre alte Kultur, ein Kind der »Agora« ist, und ganz gleich was passiert, ist sie stets eine lebendige menschliche Kommunikation, die durch keine noch so hochauflösenden Pixel ersetzt werden kann.

Seitdem erzähle ich bei jeder Gelegenheit, wie mich die Pandemie um die längste Buchtour meines Lebens gebracht hat und was ich daraus gelernt habe. Wahrscheinlich (dachte ich, während ich den Koffer packte) habe ich diese Geschichte inzwischen unbewusst zu »meinem Markenzeichen« gemacht – wie unser Präsident bei allen Gelegenheiten zu sagen pflegt, und jetzt tat es mir schon ein bisschen leid, mich von ihr zu trennen: Schade, dass es nicht mehr aktuell bleibt und als Vergangenheit abtritt, wo ich doch schon gelernt habe, mit ihr zu leben! Es passte so gut in die Diskussionen über die Unterstützung von Buchhandlungen, über Online-Unterricht, über Veränderungen in der Lesekultur durch den Übergang zum Digitalen, den die Pandemie so brutal beschleunigt hatte, und vor diesem Hintergrund versuchte ich, meine Freunde von der Notwendigkeit zu überzeugen, einen Buchklub in Live-Übertragung zu organisieren (»wenn die Kommunikation in großen Sälen nicht möglich ist, dann müssen wir auf das Format der Pest-Feste umsteigen!«), und so gründeten wir diesen Klub und im Laufe des Jahres 2021 versammelten sich die »Dekamerones« im Live-Stream einmal im Monat in einem Restaurant im Zentrum von Kyjiw, sogar auf dem Höhepunkt der Pandemie. Es waren wunderbare Abende und unvergessliche Gespräche, an denen Hunderte von Menschen im ganzen Land teilnahmen, von Uschhorod bis zum durch Russland okkupierten Luhansk, und was für interessante Menschen dabei waren! – trotz des Lockdowns gelang es uns, das Gefühl einer kulturellen Gemeinschaft lebendig zu halten, das letzte Treffen des Klubs fand dann am 16. Februar 2022 statt, jenem Tag, an dem uns der amerikanische Geheimdienst Putins Invasion versprochen hatte, und wir waren ein wenig trunken von unserem eigenen Mut und angefeuert vom Publikum, als hätten wir nicht nur Corona, sondern auch Putin und die Feigheit des Westens und überhaupt alle Übel der Welt mit einem Schlag besiegt, kurz und gut, es waren zwei – vielleicht verrückte – Jahre meines Lebens, die im Großen und Ganzen gar nicht so schlecht gewesen waren, wie sich herausstellen sollte, und nun warten neue Herausforderungen, diese Seite wird endgültig umgeblättert, das war's, Ende, ich entsorge die Masken und kehre zurück an jenen Punkt »vor zwei Jahren«, nur dass jetzt statt einer amerikanischen

Ausgabe ein bescheidenerer Markt auf dem Programm steht: die polnische Ausgabe meiner Essaysammlung trägt den für Nicht-Ukrainer kaum verständlichen Titel »Planet Wermut« (in Polen werde ich bei jedem Auftritt und Interview über den Wermutstern aus der Offenbarung des Johannes sprechen müssen, und dass »Tschernobyl« auf Ukrainisch »Wermut« bedeutet und eine Epoche globaler Katastrophen begonnen hat, für die die Kultur noch keine adäquate Sprache gefunden hat, weshalb wir ratlos sind und bis zuletzt nicht an das Ausmaß der Bedrohung glauben, bis der Planet Melancholia, wie in dem Film von Lars von Trier, einschlägt und uns hinwegfegt – wie oft habe ich darüber gesprochen, und warum, möchte man fragen, scheint all das Predigen, dieses durch die Welt Vagabundieren auf den Spuren meiner früheren Texte notwendig, wenn sie doch nur von einer verschwindend geringen Zahl von Menschen gelesen werden, die zudem kaum Einfluss haben, und doch habe ich einen neuen Roman in meinem Computer angefangen, an dem ich zumindest beim Schreiben Freude habe – und leben muss man doch der Zukunft zugewandt und nicht der Vergangenheit?).

Also bemühte ich mich, diese seltsam gedämpfte Laune loszuwerden – sie abzuschütteln, zu rationalisieren. Ich habe eine reichhaltige Sammlung von Stresszuständen in meinem Repertoire – traumatisch, posttraumatisch und prätraumatisch (das bedeutet, dass man wie ein Hund zittert und jault, bevor ein Erdbeben kommt, und erst danach den Grund dafür versteht!), Schock, Angst, Panik – was auch immer, ein ganzes persönlich durchlebtes Handbuch der Psychologie, mit dem ich Helden aus Fleisch und Blut zum Leben bringe – aber dieser Zustand ähnelte keinem von denen, die ich aus früheren Erfahrungen kannte. Heute würde ich es als eine Art von soldatischem Fatalismus bezeichnen, eine Art bewusster Instrumentalisierung – man hat das Gefühl, eine Rolle in einem Stück zu spielen, das nicht von dir geschrieben wurde, und doch musst du es so gut wie möglich spielen, ohne nach Sinn und Zweck zu fragen.

(So klug bin ich allerdings erst heute, nachdem ich bereits den dritten Monat diesen Zustand durchlebe. Doch am 23. Februar 2022 war er neu, ungewohnt, und ich versuchte, ihn in den gesunden Menschenverstand zu quetschen wie meinen Krimskrams für die dreitägige Reise ins Handgepäck.)

Es gab noch einige Momente, an die ich mich komischerweise gut erinnere. An ein plötzlich aufflammendes Zögern, als ich schon gehen wollte, beim Blick zum Laptop auf dem Schreibtisch: Vielleicht sollte ich ihn mitnehmen? … (Aber warum denn?, schaltete sich der gesunde Menschenverstand ein, vierzehn Interviews und zwei

Auftritte in drei Tagen, all die Warschauer Freunde nicht mitgezählt, für die man wenigstens einen Moment Zeit haben muss – wann soll da noch Zeit sein, den Laptop zu starten? Im Hotel vor dem Schlafengehen? Fotos auf Facebook posten? Da reicht das Smartphone, schlepp nichts Überflüssiges mit, am Samstag bist du zurück …)

Und da war noch so ein Stich, ein unterkühltes, befremdliches Erstaunen, als ich die Treppe hinunterging und die Wohnungsschlüssel in meine Handtasche steckte: Nun geh endlich, die Reise wird nicht kassiert …

Und das letzte Telefongespräch mit meinem Mann Rostyk vor dem Boarding auf dem Flughafen Boryspil, der Blick auf die Start- und Landebahnen aus dem Fenster und meine Stimme, die wie von weither hallt: »Alles okay, am Samstag sehen wir uns …«

In dieser Nacht (lange nach Mitternacht, nachdem sich das Rauschen der ersten Interviews-Meetings-Gespräche, in die ich augenblicklich nach der Landung auf dem Warschauer Chopin-Flughafen eingetaucht war, gesetzt hatte) hatte ich es mir im Hotelbett bequem gemacht und den Wecker auf acht Uhr gestellt (mein Interview-Marathon sollte um 9:30 Uhr starten, ich konnte also ein wenig ausschlafen!), und bevor ich mein Smartphone weglegte, obwohl ich quasi mit der Nase schrieb, postete ich auf Facebook, um es nicht zu vergessen:

Ich habe noch nie an einem Ort so viele russischsprachige Menschen mit so unterschiedlichen »nicht-ukrainischen« Akzenten – Belarusen, Armenier und andere mir nicht identifizierbare – versammelt gesehen wie heute in Boryspil.
Und so verängstigt.
Diese Leute sind merklich nervös. Sie hetzen, schieben, suchen nach einer Möglichkeit, sich an der Schlange vorbeizudrängeln (als glaubten sie nicht, dass das Flugzeug auf sie warten wird!). Sie erstarren, wenn sie Ukrainisch hören: offensichtlich verstehen sie nichts und haben Angst.
Ein Junge in der Schlange genau hinter mir fragt auf Russisch: »Mama, und wenn der Krieg vorbei ist, fahren wir dann zurück?«
»Welcher Krieg, was redest du da!«, und die Frauenstimme bebt vor Entsetzen und unterdrückter Wut (»Warte nur, du Früchtchen!«).
Da scheinen Putins sogenannte Friedenstruppen, ganze Familien samt Babys, das potenzielle Kanonenfutter aus den Regionen der Russischen Föderation, zu denen die Ukraine nicht gehören wollte, auf allen möglichen Umwegen über Kyjiw zu fliehen.
Eine andere Erklärung für diesen plötzlichen Überfall von Russky Mir habe ich nicht.

Ich postete das am 24. Februar um 1:53 Uhr. Dann schlief ich den bleiernen Schlaf des Proletariers nach einem ehrlichen, harten Arbeitstag.
Doch um sechs (um sechs!!!) klingelte das Telefon wie durchgedreht. Es war Rostyk.
»Dummkopf!«, stöhnte ich leise und öffnete mühsam die Augen. Warum weckt er mich so früh, weiß er denn nicht, was für einen schweren Tag ich vor mir habe? Und was für eine zwar kurze, aber dafür mit Terminen vollgestopfte Reise! Aber ich griff zum Telefon – wach war ich jetzt so oder so. Anstelle eines »Guten Morgen!«:

»Es hat angefangen, Kleine, sie bombardieren uns.«

Ich weiß nicht mehr, was mein erster Gedanke war. Es war wie vor acht Jahren, als frühmorgens das Krankenhaus anrief, um den Tod meiner Mutter mitzuteilen, und Rostyk zum Telefon griff, sich aufs Bett setzte, seufzte, etwas fragte und dann irgendwo an mir vorbei murmelte: »Sie ist gegangen. Kleine, deine Mama hat uns verlassen.« Gleich darauf taucht in meiner Erinnerung ein sekundenlanges Blackout auf, als wären in einem Stromkreis die Sicherungen durchgebrannt – und dann bin ich schon im Bad, blicke in den Spiegel, als lernte ich mich selbst neu erkennen.
Und hier nun das Gleiche – es war etwas geschehen, das nicht erwartet worden war, doch mit meinem ganzen

Wesen bis in die Tiefen des Bewusstseins hinab inklusive kindlich-naiver Beschwörung bat ich still und inständig darum, es möge nicht geschehen sein – doch im nächsten Moment blickte ich bei vollem Bewusstsein in den Spiegel im Hotelbad und dachte: Es ist passiert, es ist mir passiert, und wie komme ich jetzt nach Hause?
Dieser irrationale, unbändige Fluchtinstinkt eines Tieres in der Stunde der Gefahr – nach Hause! Ab ins Loch, in die Höhle, den Unterschlupf, zu den Seinen – sich zwischen ihnen verbergen, mit der Wärme seiner Herde zu verschmelzen, sich tiefer einzugraben, den Kopf mit den Pfoten bedecken …
Selbst wenn dein Unterschlupf bombardiert wird.
Gerade hier nimmt jede Identität ihren Anfang: Für den Einzelnen ist sie immer ein Sicherheitsgurt; auch wenn er unter bestehenden Bedingungen keine Sicherheit verspricht. Selbst bei einer Kriegserklärung.
Selbst wenn es ein Vernichtungskrieg ist.

Erst einige Zeit später wurde mir bewusst, dass ich mit einem der letzten verfügbaren Flüge aus Kyjiw abgeflogen war. Und dass diese Haufen verängstigter »Ausländer der russischen Zone«, die mich am Flughafen Boryspil so verwirrten, tatsächlich Russen waren, also Bürger der Russischen Föderation. Und ich hatte nicht verstanden, dass

sie wirklich flohen, weil sie bereits wussten, was wir in der Ukraine noch nicht wussten.
Um 14:30 Uhr Kyjiwer Zeit, als mein Flugzeug, Flug LO752, abhob, überquerten bereits die ersten Einheiten der russischen Armee die ukrainische Grenze.

Heute ist der sechzigste Kriegstag. Der »83. Februar« – wie O.B., einer unserer Veteranen, auf Facebook schrieb, ein ehemaliger Computerspezialist aus der Region Donezk, der sich schon 2014 freiwillig für die Streitkräfte gemeldet hatte, als die Russen in seine Stadt kamen. Diese vergangenen acht Jahre nennen die Veteranen untereinander den Ersten Feldzug; was am 24. Februar begann, nennen sie demnach den Zweiten. Paradoxerweise erweisen sich Soldaten präziser in ihrem Sprachgebrauch als professionelle Diskursproduzenten wie Journalisten und Politologen, die sich immer noch nicht ganz sicher sind, »was da eigentlich los ist« und wie man dieses »was« benennen soll. Und – O.B. hat recht – dieser Monat dauert und dauert und endet in keiner Weise – dieser in ganz Europa ungewöhnlich kalte, wie demonstrativ in der Zeit eingefrorene Monat, wie in einer Schockstarre (sprich es aus: »83. Februar« – und es wird sofort kalt).
Ich trage immer noch denselben Mantel wie am 23. Februar, als ich nach Warschau flog.

Es ist wie eine eingeklemmte Tastaturtaste, die Welt ist auf Pause gestellt – und es ist auf jeden Fall besser, als wenn der Frühling in vollem Gange wäre, Wärme und pure Lebensfreude pulsierte, Menschen in weißen T-Shirts in Straßencafés sitzen und in die Sonne lachen würden, doch ich betrachte diesen seltsamen Frühling und werde dabei immer wieder von einem kurzen trockenen Schluchzen geschüttelt (das leicht in ein nasses Schluchzen umschlagen kann, wenn ich es nicht rechtzeitig unterdrücke!), weil zu Hause um diese Zeit Menschen in Metrostationen sitzen und Luftalarmsirenen fünf- bis sechsmal pro Tag heulen, ein Geräusch, das dir die Eingeweide herausreißt, den Magen um die Wirbelsäule wickelt, ich habe die Sirenen mehr als einmal während der Zoom- und Telefongespräche mit Freunden, die zu Hause geblieben sind, gehört: Bei diesem Geräusch brachen sie das Gespräch ab, und aus dem entschuldigenden und müden Lächeln war klar abzulesen, wie entnervt sie sind, dann verschwanden sie irgendwo in der Dunkelheit ihrer Korridore, ihrer Badezimmer oder Keller, wo man den Kopf unter seinen Pfoten verstecken konnte, obwohl, nach zwei Monaten, heißt es, gewöhnten sich viele Menschen daran und reagierten nicht mehr, doch ich sehe, wie meine Freunde während dieses endlos andauernden Februars immer müder und blasser werden, sich immer mehr aufreiben und abnutzen wie Papier oder

Stoff: Der eine ist gereizt, der andere wird gefühlskalt, als wäre er in Anabiose übergegangen, dann gibt es auch jene, die sich mit Alkohol aus häuslichen Beständen retten, um sich halbwegs ruhig zu stellen und die Angst zu dämpfen, doch die meisten sind einfach übermüdet, weil sie ständig irgendetwas machen, als Freiwillige für die Armee tätig sind, Flüchtlingen helfen, beschädigte Infrastruktur ausbessern, sich in der Arbeit wie im Alkohol ertränken – ebenso haben wir uns im Februar 2014 in Kyjiw verhalten, im Monat des Terrors und der Schüsse auf dem Maidan, und auch damals wussten wir, dass die Russen gekommen waren, nur – damals flohen sie schließlich zusammen mit Präsident Janukowitsch, der nach dem Plan des Kremls ein ukrainischer Lukaschenko werden sollte, aber wir ließen es nicht zu, und der Krieg rollte nach Süden, nach Donezk und Luhansk, nur an den Wänden fanden sich einige Zeit noch mit einem Richtungspfeil die Aufschriften »Bunker«, die an die Bedrohung durch Luftangriffe gemahnten, zu denen es zwar damals noch nicht gekommen war, doch frei nach Tschechow – wenn auf der Bühne im ersten Akt eine Waffe an der Wand hängt, dann muss sie spätestens im fünften Akt abgefeuert werden, und wenn Russland 2014 Luftangriffe auf Kyjiw geplant hatte, dann wird man sie später, besser vorbereitet, auch realisieren, und nun wurde die Waffe endlich abgefeuert, und nach zwei Monaten unter dem Sirenengeheul des Luftalarms können nun alle meine Freunde, das ganze Volk könnte eine psychologische Kur gebrauchen, eine Kur der Stille, die sie barmherzig von innen füllen könnte – wie Wasser in einer versiegenden Quelle. Das betrifft freilich nur Kyjiw, wo es im Vergleich zu Charkiw oder Tschernihiw oder – Horror es nur auszusprechen – Mariupol nicht so viele Zerstörungen und Todesfälle gegeben hat. Alles in allem ist eine Sirene, die zwei Monate über der Ukraine kreischt wie ein großer mechanischer Wachhund, der jedes Mal losheult, wenn in unserem Himmel »etwas fliegt«, entweder von uns oder auf uns zu, um so die Ukrainer daran zu erinnern: Die Mörder sind schon in unseren Häusern, verbergen sich unter den Betten, oder noch besser: Flieht, rennt davon … Und mehr als fünf Millionen sind bereits geflohen – auf den Straßen polnischer Städte summt und brummt die ukrainische Sprache in unterschiedlichen Varianten, von der literarischen Hochsprache bis zum Surschyk, und auch das Russische in ukrainischer Aussprache (phonetisch summt und brummt auch dieses Russisch vollstimmig und im Gegensatz zum »russischen« Russisch nicht aggressiv, doch um an der Aussprache einen Ukrainer von einem Russen zu unterscheiden, muss man zu den einen oder anderen gehören, Außenstehende hören diesen Unterschied nicht, nicht einmal die Polen …) – meistens handelt es sich um Frauen aus den zerbombten und besetzten Gebieten des Ostens und des Südens, überwiegend mit Kindern, und diese Kinder spielen weiter miteinander das Versteckspiel »Wir verstecken uns im Keller«: einer heult wie eine Sirene, die anderen laufen weg und verbergen sich. Auch dies wäre eine Möglichkeit für die anderen Europäer, russischsprachige Ukrainer von Russen zu unterscheiden: durch ihre Kinderspiele.

Gut, dass der Frühling so scheußlich ist und nicht anbricht. Es ist gut, dass der Februar weitergeht: Das vermittelt das Gefühl, dass die Daseinsordnung auf unserer Seite steht (so werden die beispiellosen Januarfröste im März, aufgrund derer die russische Armee auf unseren Feldern einfror, und der Sturm, aufgrund dessen sich die Schlepper dem Schlachtschiff »Moskwa« nicht nähern konnten, das von ukrainischen Raketen zerschossen worden war, irgendwie als Naturkräfte und magisch empfunden, als ob die Natur zu Hilfe eile und als Beweis, dass »Gott auch in den ukrainischen Streitkräften dient«). Dieses Gefühl wird außerdem durch internationale Newsfeeds und lokale Nachrichten noch verstärkt (ich kann Polnisch und verstehe alles, was ich höre): Der Fernseher in der Hotelhalle, die neuesten Radionachrichten im Taxi, ganz zu schweigen von den Menschen, Bekannte und Unbekannte – alles ist auf die Ereignisse in der Ukraine fokussiert, alle sind mit der gleichen Saite gestimmt: Man spricht, redet, atmet im Einklang mit der Tragödie meines Volkes. Für die Polen, die mehr als drei Millionen ukrainische Flüchtlinge aufgenommen haben, ist dies kein fremder Krieg mehr, wie er es die vergangenen acht Jahre war – er triggert nun die gesamte polnische Gesellschaft vor dem Hintergrund eines historisch noch jungen, nicht erkalteten kollektiven Traumas, als würden die vergessenen Narben der Erinnerung und die blutigen Geschichten der Großeltern über die Jahre 1939 und 1944 plötzlich überall aufplatzen: vom Heldenmut der Einheiten auf der Westerplatte, die man in Polen heute mit der Schlangeninsel vergleicht, über den Verrat des Westens und dem in Blut ertränkten Warschauer Aufstand von 1944, den die Alliierten durch ihre Ferngläser beobachteten so wie die Welt heute die Zerstörung Mariupols im Fernsehen, und besonders grell: die Massenvergewaltigungen und Raubzüge der Roten Armee im Jahr 1944, worin die Polen die Ereignisse in Irpin und Butscha wiedererkennen – diese aufgeplatzten Narben sind nicht einfach schmerzhaft, sondern kulturell verdrängt und tabuisiert, worüber laut zu reden (ganz zu schweigen davon, die Kinder in der Schule zu unterrichten) früher aus politischen Gründen nicht zweckmäßig war, die Prioritäten waren eben andere, und dann verdammt nochmal

explodierte diese ganze Zweckmäßigkeit mit den ersten Einschlägen in Kyjiwer und Charkiwer Hochhäuser, und die Prioritäten flogen auseinander wie ein Dach unter der Schockwelle einer 500-Kilogramm-Bombe in einem Dorf nahe Kyjiw. Polen versteht uns vor allen anderen Ländern am besten: Sie erkennen sich selbst im Spiegelbild des russisch-ukrainischen Kriegs so wie ich mich im Spiegel im Bad des Hotelzimmers.
Sich mit anderen Augen sehen, und das sehen, was man bisher nicht bemerkte.
Das sind historische Veränderungen tektonischer Natur. Solche Veränderungen bestimmen das Schicksal von Völkern, und alle anderen Veränderungen lassen sich von diesen existenziellen Veränderungen, die im Massenbewusstsein stattfinden, ableiten, einschließlich der Revolutionen und des Neuzeichnens politischer Landkarten. Für deren Beschreibung gibt es die Politikwissenschaft, jedoch für die Veränderungen im Massenbewusstsein, die am schwierigsten nachzuverfolgen sind, findet die Soziologie nicht das richtige Instrumentarium. So bleibt nur die Literatur als einzig geeignetes Werkzeug zu ihrer Fixierung.
Soweit ich es über die Sprachbarriere hinweg beurteilen kann, erleben die Finnen etwas Ähnliches (auch sie haben einige Traumata, die seit dem Winterkrieg 1940 unausgesprochen geblieben und immer weiter gewachsen sind!),

ebenso die Esten und Letten, ganz zu schweigen von den Litauern, für die dieser Krieg schon in der ersten Phase von 2014 auch »ihr« Krieg war – und aus den Nachrichten lässt sich erraten, dass auch die Rumänen sich immer noch mit Moldau und Transnistrien auseinandersetzen müssen (und erst jetzt beginnt es dem Westen zu dämmern, zu welchem Zweck dieses 1992 von Russland unrechtmäßig abgebissene Stück Moldawiens, so wie die Krym 2014, konserviert wurde!), auch andere Nationen der ehemaligen Warschauer Pakt-Staaten, die Putin so unmissverständlich wieder unter seine Kontrolle bringen will mit der provokanten Aufforderung an die NATO »Zurück zu den Grenzen von 1997«, all die ehemaligen »Zellengenossen« erleben nun traumatische Flashbacks, und die vernarbten Wunden beginnen mit neuer Kraft zu schmerzen, bis heute, seit dem Abzug der sowjetischen Truppen aus der Region im Jahr 1989 und dem Zusammenbruch der UdSSR, aus Angst, das so schwer erreichte Gleichgewicht könnte kippen, aus Sorge, es in dem halb vernarbten Zustand zu halten.

Und deshalb nenne ich diesen Krieg nicht den Zweiten Feldzug. Und auch nicht so, wie es sich in den europäischen Medien eingebürgert hat – der »russische Einmarsch in« oder »Angriffskrieg gegen die Ukraine« (und danke wenigstens dafür, denn in den ersten Wochen wur-

de das Wort von der »ukrainischen Krise« schamlos aus den Schubladen des Jahres 2014 gezogen, eine Wortverbindung, bei der ich jedes Mal einen Anfall ohnmächtiger Wut verspürte, und angesichts des bekannten Politikwissenschaftlers John Mearsheimer – der am Tag des Massakers von Butscha in The Economist den Artikel veröffentlichte »Why the West is principally responsible for the Ukrainian crisis«, der in seiner Naivität atemberaubend ist – versprach ich mir, sogar leicht widerwillig, wenn die russische Armee zu ihm nach Chicago kommt und ein Trupp Soldaten in Zugstärke ihn auf unnatürliche Weise höchst persönlich vergewaltigt, dann werde ich, falls ich noch lebe, unbedingt etwas über die »Krise in Chicago« schreiben und wie man sie hätte vermeiden können, wenn der Herr Professor nur ruhig sitzen geblieben wäre …). Und ich nenne diesen Krieg nicht einmal »russisch-ukrainisch«: das ist ein lokal viel zu begrenztes Merkmal.
Ich nenne ihn den Dritten Weltkrieg.

Die beiden vorangegangenen Weltkriege begannen genau so: aus einer Anhäufung systemischer Fehler globalen Charakters, von denen jeder seine Wirkung auf die architektonische Struktur des internationalen Gleichgewichts im Ganzen hatte, so lange bis sie zu bröseln und bröckeln begann und schließlich unter dem Donnern von Kanonen und Fliegerbomben zusammenbrach. Aus dem Ersten erwuchs der Zweite Weltkrieg als weiterer Akt desselben Dramas. Dann wurde eine Pause verkündet, nicht jedoch das Finale. Tschechows Waffe blieb an ihrem Platz hängen, und niemand kam auf die Bühne, um sie abzufeuern. Von den beiden Hauptverbündeten, die im August 1939 ihren Pakt über die Teilung der Welt schlossen und sogleich im September mit seiner Umsetzung begannen (nach heutiger Terminologie sollte das dann »Polenkrise« heißen!) und nicht ganz zwei Jahre später, im Juni 1941, sich bereits gegenseitig an die Gurgel gingen, wie es so oft unter Banditen beim Teilen der Beute geschieht (so kam es gegenwärtig unter den russischen Okkupanten im ukrainischen Süden zu einem Gefecht zwischen Tschetschenen und Burjaten, 50 Tote, mehrere Hundert Verletzte: man wollte die Beute nicht teilen!), von zwei totalitären Monstern, die im Feuer des Ersten Weltkriegs geboren wurden, Russland und Deutschland, bestimmte man im internationalen Konsens Hitlers Reich als das absolut böse, während der stalinistischen UdSSR als dessen Bezwinger zwar auch ein wenig der Status des Bösen anhaftete, jedoch nur in Relation gesehen (und tatsächlich im Vergleich zum Reich ließ die Sowjetunion den Versklavten wirklich mehr Überlebenschancen, schon deshalb, wie mir meine Großmutter erklärte, die genug Vergleichsmaterial angehäuft hatte, weil die Russen anders als die Deutschen soffen und korrupt waren, während die deutsche Todesmaschine wie am Schnürchen lief – es ist doch klar, wenn man in der Fabrik des Bösen arbeitet, ist es besser, schlecht als recht zu arbeiten, deshalb gibt es übrigens nichts Groteskeres als die aktuelle Empörung der Anti-Putin-Opposition über die Korruption und schlechte Ausbildung in der russischen Armee – sprich, weil diese Armee es nicht geschafft hat, so viele Ukrainer zu töten, wie von ihrem Generalstab geplant, als sie mit neuen Regeln für Massengräber und mobile Krematorien in die Ukraine geschickt wurden, zur Säuberung der zahlreichen »Butschas« – die Deutschen hätten es wohl besser hingekriegt!).

Und das relativ Böse ist übrigens etwas, worüber sich streiten lässt, man kann es durchaus rechtfertigen, zum Teil wenigstens, und auf keinen Fall sollte man die Frage nach seiner Mitverantwortung für den Ausbruch des Krieges stellen – könnte man ja bezweifeln, ob das Böse überhaupt böse sei, ach kommt, lasst uns gemeinsam mit ihm für den Frieden kämpfen und zum beiderseitigen Vorteil Handel treiben. Und während es Masken und Fahnen an der Fassade austauscht, kann man sich entspannen und sich einreden, dass man es ganz und gar, friedlich und unblutig, besiegt habe, durch die reine Kraft ökonomischen Charmes – sozusagen mit Verstand und Schönheit …

Und bloß nicht daran denken und die Vorstellung weit von sich weisen, dass es, das kleinere Übel, zusammen mit seinem besiegten Komplizen den Zweiten Weltkrieg entfesselt hat, oder gar den Zweiten Weltkrieg mit dem Sieg über den Komplizen nicht wirklich aufgehoben, sondern nur aufgeschoben hat – auf unbestimmte Zeit, aus rein technischen Gründen: Aus eigenen Kräften konnte es ihn nicht weiterführen, zumal ihm die USA unverhohlen mit der Atombombe drohte. Das bedeutet aber keineswegs, dass es sich von seinem Plan verabschiedet hatte, »den Atlantik zu erreichen« (Stalin war sehr unzufrieden darüber, dass er an der Elbe haltmachen musste!) und doch noch seine »Einflusssphäre« in Form eines »Europa von Lissabon bis Wladiwostok« zu bekommen (als ich zum ersten Mal diesen Slogan des stalinistischen Nachkriegsimperialismus aus dem Mund europäischer Politiker hörte, hatte ich ein so ekelhaftes Gefühl, als müsste ich einen Kinderporno sehen, in dem das politische »Kind« gelernt hat, in der richtigen Intonation niedlich von »Frieden, Freundschaft und wechselseitig vorteilhafter Zusammenarbeit« zu plappern, die perversesten Obszönitäten, ohne die Bedeutung der Worte zu verstehen).

Und inzwischen sollte man dem Satz »Die UdSSR besiegte das Nazi-Reich im Zweiten Weltkrieg« endlich der Wahrheit halber hinzufügen: »Die UdSSR hat zusammen mit dem Nazi-Reich den Zweiten Weltkrieg entfesselt und sich nie dafür verantwortet«, um zu verstehen, dass der dritte Akt dieses Dramas unvermeidlich ist, zumindest solange der Hauptdarsteller auf der Bühne der Geschichte bleibt.

Dieser Darsteller ist jedoch nicht Stalin (Breschnew, Andropow, Putin, weitere unbekannt).

Eines Tages, in ferner Zukunft, in hundert oder zweihundert Jahren, wenn der lebendige Schmerz abstirbt und die Tragpfeiler logischer Konstruktionen den Bau der Geschichte stützen, wird das für unsere Nachkommen wie eine Erzählung über den Wert des Wortes aussehen. Wie aus einer einzigen Lüge – und anscheinend nicht einmal einer Lüge, sondern, wie es zu Beginn schien, nur aus einer nicht volständig ausgesprochenen Tatsache, einer feigen Halbwahrheit – ergoss sich zuerst der große Eiter und dann das große Blut über unseren vielfach leidenden Planeten. Wie ein neuer Krieg nicht so sehr aus einer bösen Absicht geboren wurde (an bösen Absichten mangelt es auch in guten Zeiten nicht, wie an Krebszellen in einem gesunden Körper!), sondern aus dem Nährboden des Bösen: aus Dummheit und Feigheit.

Das heißt, der Dritte Weltkrieg entstand auf die gleiche Weise wie die beiden vorherigen.

Worte, natürlich. Da kenne ich mich ein wenig aus, da kann ich nützlich sein, gerade nun, da es einen Krieg gibt, der aus Lügen entstand, die wiederum lange Zeit geflissentlich übersehen wurden. In den ersten Wochen nach dem 24. Februar, als ich in Warschau, wohin plötzlich eine Flüchtlingslawine aus der Ukraine rollte, festsaß (so wurde einer meiner langjährigen Albträume wahr und entpuppte sich als Vorahnung: die Angst, mich allein vor einer Menschenmenge zu finden, die auf mich zustürmt! ...), redete und redete ich ohne Unterlass, 16 bis 18 Stunden am Tag sprudelten die Worte aus mir heraus, ich gab Interviews für alle polnischen und europäischen Medien, die es geschafft hatten, meinen Verleger zu erreichen. Die PR-Abteilung des Verlags hat in jenen Wochen fast ausschließlich für mich gearbeitet, die Logistik wie eine schnelle Eingreiftruppe umgebaut und mir dabei geholfen, die psychotherapeutische Illusion der »eingeklemmten Taste« aufrechtzuerhalten – Action rund um die Uhr als verlängerte Buchtour, die irgendwie so wie im Film »Und ewig grüßt das Murmeltier« nicht endet: Das habe ich nun davon – versuchte ich zu scherzen, während ich mit dem nächsten Taxi ins nächste Studio sauste –, weil ich zwei Jahre lang genörgelt habe, dass wegen Corona die Buchtour in den USA ausgefallen war – und siehe, der Weltgeist hörte auf mich und organisierte wie die verrückte Fee aus dem Witz, die alle Wünsche wortwörtlich erfüllt, eine derartige Hyperkompensation, dass ich mich auf immer an sie erinnern werde! … Und tatsächlich wurde diese ungeplante »Tour« für mein Buch, wie zum Hohn, unerwartet erfolgreich: Zwei Jahre zuvor hatte ich die Texte für diese Publikation mit der Idee zusammengestellt, dem polnischen Leser das ukrainische 20. Jahrhundert nahezubringen (als Sprungbrett diente der als Folgeerscheinung 2014 ausgebrochene russisch-ukrainische Krieg), doch vor dem Hintergrund der Nachrichten aus dem bombardierten Kyjiw und Charkiw wurde das auf eine Weise populär, die niemand vorhersehen konnte, und tauchte in den Regalen der Buchhandlungen neben Jo Nesbø und Andrzej Sapkowski auf. Diese Popularität habe ich dem Buch nicht gewünscht, Gott ist mein Zeuge, ich würde gerne darauf verzichten.

Aber in all den endlosen hitzigen Gesprächen mit Journalisten und Zuhörern über unseren »Planeten der Katastrophen« und unser Nicht-Vorbereitet-Sein auf diese Katastrophen – wie es seit dem 24. Februar wiederholt deutlich geworden war – stieg in mir das beklemmende Gefühl, wie dumpfes Schlachtgetöse, von etwas nicht zu Ende Gesagtem auf, als ob sich der Computer aufhängt hätte. Eine ganze Reihe von Themen und Narrativen, die für mich als Ukrainerin selbstverständlich, aber für meine Gesprächspartner nicht offensichtlich sind, wurden nicht auserzählt,

und ohne ein Verständnis für all das bleibt dieser Krieg für das europäische Publikum nur halbwegs verständlich. Was freilich auch bedeutet, dass dieses Nicht-zu-Ende-Gesagte weiterhin als offenes Spielfeld für die Reproduktion der Großen Lüge dienen wird – auch nach Butscha, auch nachdem Blut von Kindern vergossen wurde.
(Stand heute, 90. Februar, sind es bereits 225. Russland hat in diesem Krieg zweihundertfünfundzwanzig ukrainische Kinder ermordet, das letzte auf der Liste ist die drei Monate alte Kira, die zusammen mit ihrer Mutter in Odessa starb, als eine russische Rakete im Haus einschlug, während der Vater einkaufen war. Es gibt ein Foto im Internet: ein hübsches Baby mit braunen Augen und schwarzen Haaren, man konnte sehen, dass das Mädchen einen prächtigen Haarschopf haben sollte – »braune Augen, schwarze Brauen«, wie ein Volkslied das klassische Schönheitsideal besingt …)
Als der erste westliche Journalist, der mich am 24. Februar anrief (um acht Uhr morgens, ungeduldig brummend), mit aufrichtiger Neugier fragte, was ich denn meine, was Putin wolle?, antwortete ich mit einem Schrei. Ich ging im Zimmer auf und ab und schrie den armen Mann durchs Telefon derart an, als verkörpere er den ganzen kollektiven Westen: »Machen Sie sich über mich lustig?! Er hat euch doch schon dutzende Male direkt ins Gesicht gesagt, was

er will: dass die Ukrainer verschwinden, sich in Luft auflösen, dass wir aufhören zu existieren wie Hitlers Juden, er benutzt sogar die gleichen Worte, ›Endlösung der Ukraine-Frage‹. Wie lange wollt ihr noch so tun, als hättet ihr das nicht gehört? … Er hämmert euch seit acht Jahren ein, dass Ukrainer und Russen ›ein Volk‹ seien, im Sommer hat er einen hirnlosen Artikel darüber veröffentlicht, so wie einst Stalin über die Sprachwissenschaft, was ist denn daran nicht zu kapieren, dass das die Verkündung der Annexion eines Landes ist, habt ihr denn wirklich geglaubt, dass er mit der Krym aufhört? … ›Ein Volk‹ bedeutet, dass von zwei Völkern nur eines übrig bleibt, das russische, und wenn das andere nicht einverstanden ist, zu verschwinden, bedeutet dies, dass man nachhelfen muss, dass es verschwindet, durch Krieg, was in aller Welt ist hier unverständlich?! Sie sind gekommen, um uns zu töten, wir werden online getötet, in Live-Übertragungen, ein ganzes Volk, und ihr seht zu und fragt euch auch noch – oh, interessant, doch was will der Mörder eigentlich? Und ihr könnt es nicht erraten, bittet um Tipps, möchtet einen Freund anrufen wie in einer TV-Quizshow, oder was?!«
Mein Gesprächspartner begann sich zu entschuldigen, sagte, »aber wir haben doch das 21. Jahrhundert …«, und ich fühlte einen heftigen Schwächeanfall. Es war die Ohnmacht eines Ludditen vor dem Webstuhl, eines Kut-

schers vor dem Zug oder eines Kavalleristen vor einem Panzer: Das digitale Zeitalter gibt dem Denken in »Clips«, in instagramfähigen »Bildern« statt zusammenhängender Geschichten den Vorzug, Geschichten, die länger dauern können als eine Generation. Das »21. Jahrhundert« – dessen drittes Jahrzehnt gerade beginnt, hat sich noch nicht von allen Seiten gezeigt! – stellt man sich als etwas Eigenständiges, Neues und nicht etwa als Fortsetzung des zwanzigsten vor, so in der Art: Das ist eine abgeschlossene Datei, sie wird nun archiviert, und jetzt kommt was ganz anderes, das Bild hat sich verändert, wie kann es hier einen Zusammenhang geben? …
Fukuyama hatte recht, es ist wirklich das »Ende der Geschichte« angebrochen: Die Menschheit hat sich freiwillig von ihr verabschiedet und lehnt es ab, ihr Aufmerksamkeit zu schenken, wie ein kleines Kind, das seine Augen mit den Händen bedeckt und sagt: »Jetzt siehst du mich nicht mehr«. Und obwohl die Geschichte weiterhin in alle Richtungen Lava spuckt und unser Leben sowohl auf der Ebene ganzer Gesellschaften als auch unserer persönlichen mikrosozialen Blasen verändert, verstehen wir die Logik ihrer Prozesse immer weniger: Wir haben keine Worte dafür. Und wofür es keine Worte gibt, das existiert nicht für das menschliche Bewusstsein.
Deshalb ist es auch das goldene Zeitalter für die Wieder-

geburt der Totalitarismen: Totalitäre Propaganda versorgt die Gehirne mit vorgefertigten Textbausteinen zum Erfassen schwer verständlicher sozialer Prozesse – und das, noch bevor das Gehirn die Prozesse selbst zur Kenntnis nehmen kann, sehr praktisch! Im Jahr 2014 staunte ich darüber, wie lange und beharrlich die britische Presse die Offiziere der russischen Spezialdienste Girkin und Borodai, die mit ihren Einheiten aus Moskau in den Donbas gekommen waren, um einen bewaffneten Konflikt anzuzetteln, als »ukrainische Rebellen« (sic!) bezeichnet hatten. Die britischen Korrespondenten übernahmen das aus den Moskauer Medien, die in der Zeit wie besessen daran arbeiteten, die Welt davon zu überzeugen, dass in der Ukraine ein »Bürgerkrieg« begonnen habe, dass sich, wie Putin sagte, »Bergleute und Traktorfahrer« im Donbas erhoben hätten, doch die Raketenwerfer, mit denen diese sogenannten Aufständischen aus irgendeinem Grund begannen, auf die Einheiten der regulären Armee im Donbas zu schießen, tauchten dort wie von selbst auf, sozusagen manifestierte Wut der Bevölkerung. Und obwohl die britischen Massenmedien im Allgemeinen versuchten, ausgewogen zu berichten und nicht das Moskauer Narrativ als dessen ergebenes Sprachrohr zu wiederholen, verschwanden Girkin und Borodai als »ukrainische Aufständische« erst im Herbst 2014 – und bis dahin störte sich keiner an

der kognitiven Dissonanz, was für Ukrainer das denn seien sollen, diese hohen Moskauer Offiziere, und mit welchem Recht sie auf dem Territorium eines anderen Staates »rebellierten«? …
Worte sind stärker als Gedanken – sie sind materiell und mit einer geradezu physischen Trägheit ausgestattet, und sie können Gedanken leicht hinter sich herziehen, wie ein träger Körper einen schwachen Geist. Und wenn die Menge an Informationen, die den ganzen Tag auf uns einprasselt, unsere bewusste Aufnahmefähigkeit übersteigt, wächst die Rolle der »Textbausteine« ins Unermessliche, dieser Legosteine, aus denen das Gehirn eine bequeme Struktur für uns baut. Schlagzeilen, vor allem Schlagzeilen, laufende Newsfeeds. Sie haben fünf Minuten Zeit, ihre Position zu verdeutlichen. Fassen Sie sich kurz, Longreads liest niemand. Twitter erhöhte die Nachrichtenlänge auf 280 Zeichen. »Das ist unmöglich, Putin ist verrückt geworden, wir haben doch das 21. Jahrhundert!« (83 Zeichen mit Leerzeichen) »Verrückt« ist ein weiteres vorgefertigtes Wort, das als universeller Schlüssel dient für etwas, das wir nicht verstehen wollen, und »21. Jahrhundert« bedeutet im Großen und Ganzen gar nichts, bereits Umberto Eco wies uns vor seinem Tod darauf hin (davor las ich etwas sehr Ähnliches auch bei Jurij Scheweljow), dass die Geschichte nicht zwangsläufig linear-progressiv

fortschreiten müsse, nur weil man es so in der Schule unterrichtet, sie kann auch wie ein Fluss mäandern, ihren Lauf umkehren, und das 21. Jahrhundert in Europa begann doch mit einer eindeutigen Kehrtwende »zurück in die 1930er«, als hätten Eco und Scheweljow in eine Glaskugel geblickt – doch wer hörte ihnen zu?

Und deshalb redete ich weiter und weiter und weiter – als würde ich durch einen dunklen Tunnel rasen, ohne ein Licht am Ende zu sehen, und dabei Journalisten von den britischen Inseln bis zur Apenninhalbinsel stets dieselben Fragen beantworten (sie wiederholen sich, zuerst wollte jeder wissen, »was will Putin?«, und in der dritten Woche, als sich dann herausstellte, dass es neben seinen Wünschen auch den Willen des ukrainischen Volkes gibt, fragte man, »wie im Weiteren mit Russland umgehen?«). Und ich setzte meinen Dauerlauf fort und bemühte mich, in kurzen Sätzen zu sprechen. Ich konnte mich nirgendwo sonst hinwenden.

Dann rief eines Tages Beata an, meine Agentin. Und sie fragte: Warum nicht all die erzwungenen Verkürzungen beenden und darlegen, dass dies nicht nur ein achtjähriger, sondern ein dreißigjähriger und sogar, wie ich es allen immer deutlich sage, ein jahrhundertealter Krieg ist (»300 Jahre!« – unterbreche ich sie) – okay, sollen es dreihundert Jahre sein – in einem längeren Aufsatz, in Buchform? …

»Aber ich habe hier keine Bibliothek!«, verlor ich verzweifelt die Beherrschung.

Das war eine zusätzliche Schwierigkeit, die meine Schreibarbeit stark behinderte (zusätzlich zum Fehlen meines gedankenlos zu Hause gelassenen Laptops, dessen Daten ich auf den neu erworbenen noch immer nicht vollständig übertragen habe): Für eine überzeugend verfasste Darlegung meiner Position, nicht »für fünf Minuten«, sondern für mindestens eine Stunde Lesezeit (mit entsprechenden »Wegmarkierungen«, also Hinweisen für diejenigen, die sich auf eigene Faust weiter mit dem Thema beschäftigen möchten) brauchte ich meine Hausbibliothek. Eigentlich braucht jeder Schriftsteller sie auf die eine oder andere Weise – man braucht bekannte Bücher an vertrauten Orten, solche, die zur Hand sein sollten und bei denen man weiß, auf welcher Seite und wo auf der Seite sich ein wichtiger Gedanke oder ein Lieblingszitat befindet (und im Bedarfsfall findet es sich innerhalb von Minuten!) – der ganze stille Chor von Gesprächspartnern, der den Arbeitsplatz umgibt, wie den Fisch im Aquarium die vertrauten Kieselsteine und Pflanzen, was ein nur für ihn angenehmes Mikroklima herstellt – doch in meinem Fall ging es nicht nur um psychologischen oder logistischen Komfort. Ich brauchte ganz konkrete Arbeiten zur

Ukrainistik, die in meinem Kyjiwer Büro in den Regalen standen und weder digitalisiert noch sonst außerhalb der Ukraine für mich zugänglich waren.

Dies muss den Vertretern der glücklicheren Völker, die in ihrer Geschichte keiner systematischen Entnationalisierung ausgesetzt waren, jedes Mal in einem eigenen kurzen Satz erklärt werden: Während dreißig Jahren Unabhängigkeit konnten die Ukrainer die Wissensbestände ihres kulturellen Erbes noch nicht vollständig wiederherstellen. Zum Beispiel: die erste (tatsächlich erste!) vollständige Werkausgabe (14 Bände) von Lesja Ukrajinka, der einzigen Frau, die für würdig erachtet wird, auf ukrainischem Geld abgebildet zu werden, die zu den drei wichtigsten Klassikern der modernen ukrainischen Literatur gehört (als große Reformerin des weiblichen Schreibens, als Begründerin des ukrainischen philosophischen Theaters und als überaus attraktive Denkerin und überhaupt, ließe sich sagen, als Enzyklopädie unserer Belle Époque), ist erst letztes Jahr, 2021, erschienen – zu ihrem 150-jährigen Jubiläum (sic!). Vor diesem Hintergrund kann man sich das Schicksal nicht so allseits anerkannter Autoren gut vorstellen. Koloniale Bildung zielt immer darauf ab, dass der Einheimische die Kultur des imperialen Zentrums besser kennt als seine eigene, und »gebildeter Ukrainer« ist ein Begriff, der immer noch nicht bedeuten

muss: »gebildet in ukrainischer Kultur und Geschichte«. Diese Menschen sah man im Gedächtnis der lebenden Generationen stets als »Träger eines geheimen Wissens« sowohl in der UdSSR als auch in der unabhängigen Ukraine, allerdings mit dem Unterschied, dass in der UdSSR dieses Wissen (wenn es nicht geheim gehalten wurde) dessen Trägern das verstärkte Interesse seitens des KGB einbrachte, einschließlich Inhaftierung (die letzten allzu gebildeten Ukrainer, unter ihnen Wassyl Stus; der herausragendste Dichter der sogenannten 1960er-Generation kam noch in den Jahren von Michail Gorbatschows Perestroika in einem sowjetischen Konzentrationslager in Sibirien um) – während in der unabhängigen Ukraine sich dieses Wissen zu einer Kategorie gesellschaftlichen Prestiges wandelte, doch zu einem Massenphänomen wurde es dennoch nicht. Die von meinen Eltern geerbte (obwohl in den 1960er Jahren bei Durchsuchungen des KGB etwas ausgedünnte) ukrainistische Bibliothek stellt nicht nur einen ideellen und auch ein wenig sentimentalen Wert dar, sondern vor allem eine Produktionsnotwendigkeit.
Unterdessen legt sich der Staub auf diese Bibliothek in meiner Kyjiwer Wohnung, und die Russen beschießen Kyjiw weiter, und von Zeit zu Zeit schlagen die Raketen auch irgendwo ein. Der Bürgermeister, Witali Klitschko, bat die Bewohner, die die Stadt bereits verlassen hatten,

vorläufig nicht zurückzukehren. Um dasselbe baten mich zusätzlich noch Familie und Freunde. Nach der Befreiung des Nordens, des Kyjiwer Gebiets, der Gebiete Tschernihiw und Sumy wurde deutlich, dass die Okkupanten gezielt Jagd auf die kulturelle Elite machten und sie sich offensichtlich besser auf Repressionen gegen die Intellektuellen als auf Kampfhandlungen vorbereitet hatten: Es zeigte sich nämlich, dass in allen diesen Orten neben den Anti-Terror-Operations-Veteranen (ATO-Veteranen) auch die wichtigsten lokalen gesellschaftlichen und politischen Vertreter zu den Ersten gehörten, die erschossen wurden, all jene »Träger geheimen Wissens«, die bereits vom KGB in der UdSSR verfolgt worden waren – Lehrer und Priester beider ukrainischer Kirchen (griechisch-katholisch und autokephal-orthodox). Wenn das Wahnsinn ist, dann hatte er, wie Polonius in »Hamlet« sagt, Methode, und diese Methode ist uns aus der ukrainischen Geschichte des 20. Jahrhunderts wunderbar vertraut, es gibt einen eigenen Begriff dafür – Elitizid – Elitenmord. In Charkiw, wo subversive Gruppen besonders aktiv waren, wechselten einige meiner Freunde aus der Kunstszene regelmäßig ihre Übernachtungsplätze aus Angst vor Entführungen und rieten auch mir, mit der Rückkehr bis zu einem sicheren Zeitpunkt zu warten. Kurz und gut, die Aussicht, wieder zu meiner Bibliothek zu kommen, sah für die kommen-

den Wochen nicht rosig aus. Und so war ich nach wie vor die Frau mit dem Koffer, Bewohnerin des zwölften Hotels innerhalb von sechs Wochen, was übrigens bei Weitem nicht das Gleiche wie ein Writer-in-Residence ist.
Der Koffer war jedoch schon neu: In Straßburg musste ich nach einer Rede im Europäischen Parlament innerhalb einer halben Stunde einen größeren kaufen, und den kleinen von zu Hause, den »für zwei Kleider«, ließ ich zurück im Hotelzimmer. Zum Abschied habe ich ihn fotografiert, wie ein lebendiges Wesen. Er war ein bereits etwas alter, abgenutzter, an den Ecken abgestoßen und mit unablösbaren Aufklebern versehen, die von früheren, glücklicheren Zeiten kündeten, von einer Welt mit einer sicheren Rückkehr; er bezeugte, dass ich einst ein Leben nach meiner eigenen Wahl führte. Und er roch nach Zuhause.
Da war ich also – eine Frau mit einem »neuen« Koffer; und das ist noch schlimmer.
Und doch habe ich mich entschieden.

Ich schreibe diesen Teil in Danzig, einer Stadt, für die im Herbst 1939 niemand sterben wollte, ganz ähnlich wie jetzt im Frühjahr 2022 niemand für Mariupol sterben will – Mariupol ist durch einen seltsamen Zufall die Partnerstadt von Danzig. In all diesen Kehrtwendungen der Geschichte »zurück in die 1930er Jahre« finden sich auffällig viele Übereinstimmungen und Wiederholungen, im wörtlichen und symbolischen Sinn, sodass sich manchmal nicht unterscheiden lässt, wo die Geschichte eine Grimasse macht und wo sie eine Ausgeburt des menschlichen Geistes ist, oder eher Ungeistes, die Rekonstruktion mittels eines Geheimdienstlertricks. Obwohl ein Schriftsteller in der Lage sein sollte, das eine vom anderen zu unterscheiden, das Handgemachte vom Rest. Zusammen mit der Fähigkeit, Worte für das Unaussprechliche zu finden, was ebenso zu unserem professionellen Know-how gehört. Wir können nützlich sein in den Kriegen des digitalen Zeitalters, in dem Menschen zunächst massenhaft in eine bewusst für sie inszenierte virtuelle Realität eintauchen, und erst danach beginnt für sie die Reality-Show mit dem echten Tod. Ein großes Geheimnis: wie ein Kameramann die Welt in Bildern sieht, ein Bildhauer in Formen und ein Musiker in Tönen, so »sieht« ein Schriftsteller sie in Geschichten mit potenziellen Sujets verschiedener Genres und Tonlagen, die jeden Tag durcheinander wimmeln wie Bakterien unter einem Mikroskop in einem einzigen Wassertropfen. Einige dieser Geschichten sind quasi fertig, man braucht sie nur aufzuschreiben, andere – und das sind die meisten – sind für das äußere Auge unsichtbar, sie müssen dem ungeordneten Fluss des Lebens entnommen und zusammengesetzt werden, und man muss schon ein feines Näschen für Fälschungen haben, um zu erkennen, welche Geschichte wirklich »dem Leben« entstammt und welche jemand für dich aufbereitet hat und also das Künstliche als das Natürliche verkauft (zum Beispiel eine Militärintervention als Aufstand von Traktorfahrern und Bergleuten). Bei Schriftstellern sollte man ein solches Näschen voraussetzen, wenn er es nicht hat, dann ist er für den Beruf ungeeignet, wie ein Polizeihund, der Machorka geschnüffelt hat.

Das Russland der letzten drei Jahrzehnte (es geht natürlich nicht nur um die Epoche der Putin-Herrschaft!) streute der Menschheit solche »Machorkakrümel« in großem Stil unter die Nase, in einem Ausmaß, das alles Frühere verblassen lässt, und natürlich gibt es eine reiche russische Tradition des Staatsbluffs, von den Potemkinschen Fake-Dörfern des 18. Jahrhunderts bis zum 70-jährigen »Fake-Kommunismus« im 20. Jahrhundert – und dies ist zweifellos einer der Gründe für die rasche Rückkehr dieses Landes unter Putin in die Bahnen einer totalitären Diktatur (vom nazistischen, spätstalinistischen Typ, der sich in der UdSSR nach dem Zweiten Weltkrieg etabliert hatte und erst nach dem Tod Stalins beendet wurde), und diese quasi neue Orwellisierung Russlands wurde bis zum 24. Februar 2022 vom »kollektiven Westen nicht als echte Bedrohung wahrgenommen« (wie gerade mal vor drei

Jahren ein europäischer Beamter herablassend einem meiner Bekannten, einem ukrainischen Diplomaten, mitteilte, »ihr habt Krieg, aber wir haben keinen Krieg!«): die überwiegende Mehrzahl derer, die der westlichen Kultur als »Spürnasen« dienen sollten – Intellektuelle, Philosophen, Künstler, Schriftsteller, Priester –, hatten durch eine entsprechende Dosis Marchorka ihr feines Näschen verloren. Man sollte sich nicht der Illusion hingeben, als sei nur das russische Volk Opfer der russischen Propaganda. In diesem Krieg gibt es keine Unversehrten; es sind ganz einfach alle betroffen.

Denn dies ist zwar auch ein »achtjähriger«, »dreißigjähriger«, »hundertjähriger« Krieg, wenn man ihn in einzelne Phasen aufteilt, doch in Wirklichkeit ist es ein »ununterbrochener«, massiver und alles durchdringender Krieg, den der russische Staat – ganz gleich unter welchem Namen er auftritt – konsequent gegen die zivilisierte Welt führt (denn er ist seinem Wesen nach ein nomadisierendes Imperium auf der Suche nach Ressourcen, das von der Aneignung und Plünderung fremder Territorien lebt und alles, was es sich bisher nicht einverleibte, entweder als potenzielle Ressource oder als potenziellen Feind sieht). Ziel des grauen »informationspsychologischen« Teils der russischen Kriegsmaschinerie ist es, »dem Feind ein solches Weltbild aufzuzwingen, mit dem er im Falle einer

Bedrohung keine adäquate Entscheidung treffen könnte zur Wahrung der eigenen Sicherheitsinteressen«. (Der hervorgehobene Satz stammt nicht von mir – er ist ein fast wörtliches Zitat aus den Handbüchern des KGB in den 1960er Jahren, die in den 1980ern durch den Überläufer Yuri Bezmenow im Westen einer breiten Öffentlichkeit bekannt wurden: seine Vorträge und Interviews über die sowjetische Doktrin der »ideologischen Sabotage« oder die Eroberung von Ländern mit der »Judo-Methode« – sie also von innen heraus zu untergraben, noch dazu mit ihren eigenen Ressourcen – sind absolute Pflichtlektüre für jeden, der nicht nur Putin verstehen will, der mit diesen Handbüchern geschult wurde, sondern auch Russland.)
Ich habe mein ganzes bewusstes Leben mit diesem Krieg verbracht: die letzten acht Jahre, ab dem schrecklichen Jahr 2014 gerechnet (in jenem Frühjahr, bereits nach dem Sieg auf dem Maidan, musste ich auch eine gewisse Zeit im Ausland verbringen, nachdem ich gewarnt worden war, dass eingeschleuste Agenten es auf mich persönlich abgesehen hätten …), und etwas mehr als dreißig Jahre nach 1991, als ich mehrere Bücher schreiben konnte, und besonders schmerzhaft und noch unbeschrieben die erste Hälfte meines Lebens, die Jahre meines Erwachsenwerdens in der UdSSR, die mich für immer geprägt haben, wie ein prähistorischer Farn auf einem Stück Kohle, das

Muster des unsichtbaren »Jahrhundertkriegs«, den meine Familie und mein Land zur Selbsterhaltung geführt hatte. Und da es jetzt einmal so ist, dass ich mich mit all diesen Erfahrungen während der schwersten Prüfungen für mein Volk wieder außerhalb des Landes befinde, doch nun mit einem Mikrofon, das nicht ausgeschaltet wird, wie noch 2014, als ich auf einem renommierten Berliner Forum Putin mit Hitler verglichen habe, nein, im Gegenteil, man bittet mich nun, weiter zu sprechen, dann ist es doch meine Pflicht, es auf den Punkt zu bringen – selbst wenn ich aus einem Koffer lebe (auf einer Fensterbank, auf einem Kaminsims meine Texte ausbreite), und sei's drum, adieu Bibliothek, denn wenn ukrainische Professoren, die jetzt die Uniform tragen, Online-Vorlesungen für Studenten einfach so aus dem Schützengraben halten, warum sollte ich es auch nicht mit dem Schützengraben-Genre versuchen?

Ja, es geht auch ohne Bibliothek. Das habe ich mir vor dreißig Jahren in einem Gedicht vorausgesagt, das zufälligerweise (oh, diese Zufälle!) »Abschied vom Imperium« heißt: »Du kannst auch so leben – dein Leben lang aus der Zone davonlaufen, / Du kannst sogar schreiben – in den Wind, Wortfetzen«. Es ist an der Zeit, die Verantwortung für das zu übernehmen, was ich geschrieben habe, dass es wirklich möglich ist, so zu schreiben. Während ich mich ausschließlich auf mein Gedächtnis verlasse, das immer bei mir ist, werde ich versuchen, den Leser auf einem Weg zu führen, den ich auch selbst gegangen bin, um diesen Krieg erkennbar und verstehbar darzustellen. Hier ist also das Ergebnis, meine Art und Weise ihn festzuhalten, es mag auch eine andere geben, denn jeder hat seinen eigenen Krieg, Krieg ist im Allgemeinen eine Aufgabe, die auf verschiedene Arten gelöst werden sollte, auf dutzende Weisen ist der aufgeblähte, von Eiter und Blut verklebte Knoten zu lösen, umso mehr als wir ihn heute alle gemeinsam haben – auch jene, die noch immer keine Ahnung von ihm haben und ihn weiterhin als gedankenloses Echo der Propagandisten der Yuri Bezmenow-Schule als »ukrainische Krise« bezeichnen. Und das bedeutet, dass wir alle die richtige Lösung brauchen.

Was bleibt dem Schriftsteller, wenn ihn der Krieg ohne Computer und Festplatte aus seinem Büro reißt, in die Luft wirft, in ein fremdes Land, ins »Nirgendwo« zwischen Himmel und Erde, und auf Standby schaltet? …

Erinnerung. Sprache. Ein Vorrat an unerzählten Geschichten.

Eigentlich gar nicht so wenig.

Geschichte eins – die dreißigjährige Geschichte

Hinweis: Diejenigen Teile der Geschichte, die in direktem Zusammenhang mit der Biografie der Autorin stehen, sind kursiv geschrieben, damit der Leser, der sich für die allgemeine und nicht für die persönliche Geschichte interessiert, diese sofort und ohne Verzögerung überspringen kann.

1. Maidan 2014 oder Der verlorene Blitzkrieg

Laut Yuri Bezmenow sah die Doktrin der »ideologischen Sabotage«, wie sie vom KGB spätestens in den 1960er Jahren übernommen wurde (Bezmenow floh 1970 in den Westen), vier aufeinanderfolgende Phasen der Unterwerfung eines Landes vor, das für eine groß angelegte Invasion ungeeignet ist:
1) »Demoralisierung«: dabei handelt es sich um eine Phase, die mindestens 15–20 Jahre benötigt; das Ziel in dieser Phase muss sein, das Bewusstsein einflussreicher Kreise in dem Land, das als Sabotageobjekt ausgewählt wurde, zu verändern und durch ein Netzwerk die Kontrolle über Bil-

dungssektor, Kirche und Massenmedien zu erlangen und wenigstens eine Generation in der Erziehung zu begleiten, die dann Russland nicht mehr als Bedrohung wahrnehmen wird und sogar jede Äußerung von Misstrauen gegenüber Russland als unangemessenes Verhalten betrachtet;
2) »Destabilisierung«: dabei handelt es sich um eine Phase, die mindestens 3–5 Jahre dauert; während dieser Zeit werden mit Hilfe des Agentennetzwerks und zuvor vorbereiteter subversiver und manipulierter Gruppen die Grundlagen des Staates (Wirtschaft, Finanzen, Verteidigung, Recht und Ordnung usw.) gezielt untergraben;
3) »Krise«: in dieser Phase kommt es zum bewaffneten Konflikt, der 2–6 Monate dauert; sie zielt darauf ab, Chaos im Land zu stiften, dann die Macht zu ergreifen und ein Marionettenregime zu errichten;
4) »Normalisierung«: diese Phase bedeutet eine schrittweise, langfristige Reform aller Lebensbereiche des Landes im Interesse und unter der Kontrolle des Kreml, der faktische Verlust der Souveränität (1983/84 bezog sich Bezmenow auf das Beispiel der Tschechoslowakei nach dem sowjetischen Einmarsch von 1968 oder in der Sprache vieler zeitgenössischer Quellen: auf die »Tschechoslowakeikrise«).
Als ich 2014 auf YouTube auf ein amerikanisches Interview mit Bezmenow stieß, das er zufällig im Orwellschen Jahr 1984 gegeben hatte, war Phase 3 (»die Ukrainekri-

se!«) in vollem Gange. Die »Himmlische Hundertschaft« war bereits auf dem Maidan erschossen worden, Präsident Janukowitsch war entkommen (genauer gesagt, er wurde von seinen Sicherheitskräften, zu denen Russen und sogar Geheimdienstoffiziere vom FSB gehörten, nach Russland gebracht), Russland annektierte im Handstreich die Krym mit den zuvor dort stationierten Truppen und agierte weiter gemäß Plan, mysteriöse Gruppen von plötzlich auftauchenden Paramilitärs brüllten »Ras-si-ja!«, schwangen russische Trikoloren und attackierten die Rathäuser auf dem gesamten linken Dnipro-Ufer, von Charkiw bis Mariupol – doch genau wie in den drei Monaten zuvor, als zuerst warme Sachen und mit Beginn des Terrors auch Medizin und Verbandsmaterial für den Maidan organisiert worden waren, tauchte nun das ganze Land mit seinen Dörfern und Städten in ein blau-gelbes Farbenmeer, und so wie zu Frühjahrsbeginn die Ukrainer immer die Baumstämme in Gärten und Straßen weiß streichen (was nicht nur gegen Schädlinge, sondern auch gegen zu viel Sonne helfen soll, solange der Baum kahl ist), trug die Frühlingslandschaft 2014 überall, wohin man auch blickte, die Farben der Nationalflagge. Menschen hängten blau-gelbe Fahnen auf Balkone und aus Fenstern, als wären sie Talismane gegen böse Mächte, Freiwillige bemalten Brücken und Zäune, Viadukte und Fabrikmauern blau-gelb, mancherorts wurden auch nachdrücklich, als ob es jemand immer noch nicht verstanden hätte und Zweifel hegte, mit gut sichtbaren Riesenbuchstaben Losungen geschrieben, die später (wo es möglich war zurückzuschlagen, also überall außer im Donbas) wie eine geografische Tautologie schienen und dann noch später wie ein verzweifelter Zauberspruch wirkten, wie »Tsur-pek« und »Abra-ka-da-bra« zusammengenommen:

Donbas ist Ukraine!
Charkiw ist Ukraine!
Cherson ist Ukraine!
Mykolajiw ist Ukraine!
Zaporischja ist Ukraine!

Und so weiter, auf der ganzen Landkarte, wohin man den Finger auch bohrt, einschließlich »Kyjiw ist Ukraine!« (ich erinnere mich, als ich die Aufschrift zum ersten Mal an einem Verkehrsknotenpunkt las, lächelte ich traurig: oh ja, so weit ist es schon gekommen, dass man selbst in Kyjiw darauf hinweisen muss, da hat sich anscheinend seit 1187 – seit der ersten Erwähnung des Toponyms »Ukraine« in einer der Kyjiwer Annalen – nichts an der geografischen Lage der Hauptstadt geändert …).
Es hatte etwas Herzzerreißendes, diese wie von fleißigen

Bienen aufgemalten hartnäckigen Beschwörungsformeln, diese naiven Markierungen »Finger weg, meins!«, die an unbekannte Adressaten gerichtet waren (an die Weltordnung, den Himmel? Leute mit fremden Flaggen? Zur eigenen Aufmunterung? …) – das war etwas, das laut aufschluchzen lässt, und am liebsten hätte man die Ukraine umarmt, wie ein aufgeschrecktes Kind, und dieses Etwas hatte einen einfachen und offensichtlichen Namen – Wehrlosigkeit. Wahrscheinlich gab es in diesem Frühling kein schutzloseres Land auf der Welt. Eine Art schwere, stumpfe und dunkle Kraft, unverständlich und beängstigend, wie aus einem Hollywood-Horrorfilm, drang aus dem Norden in der Nacht des 30. November 2013 zu uns, als die Polizei völlig unerwartet und mit äußerster Brutalität Studenten angriff, die noch nach der Kundgebung für das Assoziierungsabkommen mit der EU auf dem Maidan geblieben waren – nie zuvor hatten in der unabhängigen Ukraine die Einheiten des Innenministeriums Gewalt gegen protestierende Bürger eingesetzt, und das mit einer nie dagewesenen Brutalität, das war eine völlig unbekannte, wilde Nachricht aus einer anderen Welt, aus ausländischen, russischen und belarusischen Nachrichten, die am Morgen das ganze Land erschütterten (die ganze angestaute Unzufriedenheit in der Gesellschaft mit Janukowitschs Kleptokratie explodierte gleichzeitig in allen

Bevölkerungsschichten!) – und anstatt einer Handvoll Studenten wogte innerhalb eines Tages bereits ein Meer von zwei Millionen Protestierenden über den Maidan (die schlussendlich auch so lange da blieben, bis Janukowitsch, der die Proteste drei Monate lang ignoriert und es abgelehnt hatte, die Regierung wieder in legitime Bahnen zu lenken, kapitulieren musste und Fersengeld gab), wenn also die Gewaltexzesse in der Nacht zum 30. November, wie viele dachten, eine Provokation der russischen Spezialdienste war mit der Absicht, eine »ukrainische Krise« gemäß der von Bezmenow beschriebenen Technologie zu organisieren (aufgebrachte Bürger auf die Straße zu locken und die Menge als Deckmantel für die Aktivitäten subversiver Gruppen zu benutzen), ließe sich dazu nun sagen, dass das Kreml-Szenario von Anfang an auf wackligen Beinen stand, da man nicht damit rechnete, dass die Ukrainer dieses Szenario mit ihrer schieren Masse, ihrer zahlenmäßigen Überlegenheit rein physisch unmöglich machen könnten. Denn vielleicht kann man einen Protest von 20.000, 50.000 oder sogar 100.000 Menschen (obwohl dafür Beispiele zu finden schwierig ist!) manipulieren, aber einen Protest von zwei Millionen – vergiss es: an einem bestimmten Punkt, den weder Historiker noch Soziologen hinsichtlich der Menschenmenge errechnet haben, jenseits eines vom Menschen (Gott sei

Dank!) noch nicht entdeckten Gesetzes der »Sozialphysik«, geht die menschliche Masse in einen anderen »Aggregatzustand« über – den Yeats in seiner berühmten Formel »Eine schreckliche Schönheit wird geboren« fasste – und beginnt wie abgestimmt zu agieren, als ein einziger Organismus: als Lebewesen mit eigenem Willen. Und eine auf den ersten Blick gewöhnliche Zeile aus der Verfassung der Ukraine – »Der Träger der Souveränität und die einzige Quelle der Macht in der Ukraine ist das Volk« (Artikel 5) – ergießt ihre ureigenste Bedeutung plötzlich wie eine vulkanische Urgewalt. Es klingt wie ein militärischer Eid. Dies ist der Wandel zur direkten Demokratie, im Westen leicht in Vergessenheit geraten, dennoch immer unvermeidlich und unumgänglich, wenn die Regierung gegen Hobbes' »Gesellschaftsvertrag« verstößt, und die Ukrainer haben ihn zuvor auf gesamtnationaler Ebene erfolgreich durchgesetzt, sogar zweimal: einmal 1990, als unser erster Maidan, besser bekannt als »Revolution auf Granit«, der damaligen kommunistischen Führung der gerade noch Sowjetrepublik Ukraine erste ernsthafte Signale sendete, dass der Souverän nicht wie bisher angenommen in Moskau sitze, sondern auf den Straßen von Kyjiw, mit Hunderttausenden von Kehlen, die »Unabhängigkeit!« skandierten – und da sollte man als ukrainischer Politiker zuhören, schon um die eigene Haut zu retten, denn

Moskau ist im Falle eines Falles weit weg, während das ukrainische Volk gerade hier unter den eigenen Fenstern demonstriert (der Chef der Kommunistischen Partei Leonid Krawtschuk gehorchte ihm und unterzeichnete 1991 nicht das »neue Bündnisabkommen« mit Moskau, sondern unterschrieb stattdessen die Unabhängigkeitsurkunde der Ukraine, danach gewann er die ersten Präsidentschaftswahl …); und ein zweites Mal 2004 während der sogenannten »Orangen Revolution«, als der Westen erstmals nach dem Zusammenbruch der UdSSR die Ukraine wahrnahm und sich wunderte, dass »die Ukraine nicht Russland ist« (diesen warnenden Titel trug übrigens das Buch des damaligen ukrainischen Präsidenten Leonid Kutschma, das er bereits davor in Moskau veröffentlicht hatte, doch keiner in diesem Moskau verstand die Warnung oder nahm sie ernst …). Putin, der in diesem Jahr mit unabhängigen Massenmedien in Russland »aufgeräumt« und von den Behörden nicht genehmigte Bürgerproteste gesetzlich verboten hatte, war sich sicher, dass er leichtes Spiel haben würde – denn was Jelzin in den 1990er Jahren nicht zustande gebracht hatte, nämlich einen Präsidenten in der Ukraine zu installieren, der wie in Belarus vollständig unter Kontrolle wäre, und das zu erreichen, was Gorbatschow zuvor nicht gelungen war: die Schaffung einer UdSSR 2.0, eines »neuen Unionsstaates«

mit Russland, der Ukraine und Belarus als Zentrum – und agierte zu überstürzt und mit der Holzhammermethode, eben »wie zu Hause«, und half seinem Wunschkandidaten Janukowitsch, die Präsidentschaftswahlen zu fälschen, wodurch er im Endeffekt sogar die trägsten Schichten der ukrainischen Gesellschaft gegen sich aufbrachte, die bisher in einem Zustand postsowjetisch »politischen Komas« dämmerten. Die ukrainische »Orange Revolution« wurde zum größten friedlichen Protest in der neueren Geschichte Europas – und vor allem erfolgreich, weil wir damals vor den Augen der ganzen Welt unsere freien und fairen Wahlen verteidigten und Präsident derjenige wurde, der die Wahlen auch gewonnen hatte (Viktor Juschtschenko), und so hielt sich der Glaube an die direkte Demokratie aufrecht, dass – wie es in einem alten ukrainischen Sprichwort heißt – »die Gemeinschaft ein starker Mann ist« und keine Macht in der Ukraine gegen den Willen der Gemeinschaft handeln kann. Dieser Glaube blieb auch der Grundstein des ukrainischen politischen Bewusstseins während der drei Monate des Maidan im Winter 2013/14, als Schrecken und bedrohliche Schatten wie um ein nächtliches Feuer im Wald hochflackerten. Dass bereits Krieg herrschte, haben damals nur wenige verstanden.

Als ich am 1. Dezember 2013 dazu einen Facebook-Post verfasste – mich auf Englisch an westliche Journalisten wandte und sie vor einer sensationslüsternen Berichterstattung über die Kyjiwer Proteste nach russischem Vorbild warnte –, verstand weder das ukrainische noch das westliche Publikum mein »it's a war«. Es gab Fragen im Sinne von »What do you mean by this«, und nur die russische Agentur reagierte auf ihre Weise richtig und entsprechend: der von mir im Post erwähnte Wiktor Medwedtschuk, ein persönlicher Freund Putins und sein wichtigster und erprobter Promoter des Pro-Moskau-Kurses in der Ukraine, bereitete mit seinen Marionetten, den Richtern und Medienleuten, die er in der Tasche hatte, eine wohlorchestrierte gerichtliche Anklage »wegen Beleidigung und Rufmord« vor – ganz unbemerkt und ohne mein Wissen nach russischen (sic!) Gesetzen, die für die Ukraine bereits vorbereitet wurden, falls der Maidan scheiterte –, und damals warnten mich russische politische Emigranten rechtzeitig, dass dies die einfachste Falle ist, in die die Opposition in Russland oft genug tappt, ihr Zweck ist ganz einfach, das Opfer in ein Gerichtsverfahren zu verstricken und die Flucht ins Ausland unmöglich zu machen, ich hätte mich höchstwahrscheinlich in solch einen Prozess verwickeln lassen, und auch mit dem Verschwinden von Janukowitsch wäre ich nicht vom »Haken« des FSB geschlüpft: Nachdem meine Literaturagentin (die die ermordete Anna Politkowskaja ver-

treten hatte!) von »Medwedtschuks Prozess gegen Sabuschko« gehört hatte, schrie sie ins Telefon als Erwiderung auf meinen sorglosen Einwurf »Was sollen die mir schon antun?«: »Was sie wollen, das werden sie tun, und auch deinen Tod werden sie für sich nutzen!«.

Ich muss zugeben, das Gefühl war deprimierend. Ich erinnere mich an meine sowjetische Jugend, an die Erfahrungen meiner Eltern und ihrer Generation der ukrainischen Intelligenz: Diese Leute vergeudeten Jahrzehnte auf der Suche nach Strategien und Taktiken, um den KGB zu täuschen (Medwedtschuk wurde 1970 vom KGB rekrutiert – er ging in die Geschichte ein als Mittäter der Verfolgung und Repressionen des Kreml gegen Wassyl Stus, des prominentesten Dichters dieser Generation), und es musste eine Täuschung sein, die keiner durchschauen konnte, denn wenn bekannt wurde, dass man »Probleme mit dem KGB« hatte, schreckten die Menschen vor dir zurück wie vor einem Aussätzigen …

Und nun kehrte dieser Zustand mentaler Selbstverteidigung wieder zurück – und betraf nun mich, die ich mir in den Jahren der unabhängigen Ukraine angewöhnt hatte, zu sagen und zu schreiben, was ich dachte, und mich um Dinge zu sorgen, um die sich Schriftsteller in einem freien Land sorgen sollten, um »Genauigkeit« des Ausdrucks und nicht um die »Gefährlichkeit« seiner Worte für ihn selbst unabhängig davon, ob sie der Geheimpolizei gefallen oder nicht – und ich verstand zum ersten Mal, warum Kehlkopfkrebs in meiner Elterngeneration ein so verbreitetes Übel war: für einen Intellektuellen wirkt ein Bewusstsein rein physisch destruktiv, ein Bewusstsein und Wissen, das man zwar beherrscht und dessen elementare Bedeutung für die Gemeinschaft man kennt, das man aber nicht öffentlich teilen kann, es wird vom Körper je nach Gefühlslage »übersetzt«, wie mit einem dicken fetten Kloß, der einem im Hals steckt. So einen »Klos« hatte ich den ganzen Maidan-Winter 2013/14 hindurch und war nicht imstande, etwas anderes außer Flüssigkeiten (Suppen und flüssige Breie) zu schlucken, und dabei nahm ich ohne sichtbare Krankheit 6 kg ab.

Der Unterschied zur UdSSR besteht darin, dass es in der UdSSR eine klare Grenze zwischen erlaubtem und verbotenem Wissen gab und jeder wusste, wie gefährlich letzteres war – doch im gegenwärtigen »informationellen« Totalitarismus hat diese Grenze ihre Bedeutung verloren, weil die Öffentlichkeit, selbst wenn sie das »Geheimwissen« in einfachen und zugänglichen Texten liest, nur Bahnhof versteht. Der KGB wird als prähistorisch wahrgenommen, Russland als Ausland, das sich – ja, gut – zwar immer wieder in ukrainische Angelegenheiten einzumischen versucht, doch dass irgendwo im Kreml schon jahrelang und konsequent der Plan zur Wiederherstellung der UdSSR und der Liquidierung der unabhängigen Ukraine verfolgt wird, konnte die ukrainische

Gesellschaft bis zu diesem Winter einfach nicht glauben – allein die Idee schien total verrückt! (Als ob die Verrücktheit einer Idee vor dem Versuch, sie umzusetzen, schützen würde!) In gewissem Sinne erwies sich diese Form der Maskierung effektiver als zu Sowjetzeiten. Damals führte Moskau im Ausland subversive Aktionen durch und kaschierte sie hinter so netten Worthülsen wie »Entspannungspolitik« und »internationale Solidarität der Werktätigen«; nun verbarg sie es nicht, im Gegenteil, auf Schritt und Tritt hatten wir es vor Augen, wie in Edgar Allan Poes Geschichte vom gestohlenen Brief, den der Dieb absichtlich an einer für alle gut sichtbaren Stelle platziert – und niemand ahnt etwas: Es handelt sich um nichts wirklich Bedrohliches. Und als ich mit dem Finger auf den Brief zeigte und sagte: »Da ist er!«, da hörten mich nur die »Diebe«: diejenigen, vor denen ich zu warnen suchte, aber nicht die, die ich warnen wollte (ich bin nicht im Geringsten überrascht von ihrem Wunsch, mich in diesem Frühjahr endlich loszuwerden!).

Das Einzige, was wir alle in Kyjiw sicher wussten, war, dass Russland von Anfang an sehr aktiv an dem ganzen Wahnsinn dieses Winters beteiligt war, an der Eskalation des Terrors mit Hilfe krimineller Banden, die von wo auch immer in die Stadt gebracht worden waren, bis zur blutigen Safari auf dem Maidan am 20. Februar 2014 (die

Frage, warum Putin stets den Februar für seine Massaker in der Ukraine wählt, überlasse ich Psychologen, aber ich denke, dass es mit seiner Vorliebe für historische Daten zusammenhängt: Der Februar 1918 ging in die Geschichte Kyjiws ein als »erster bolschewistischer Terror«, der sogenannte Murawjow-Terror, als die Tscheka während der dreiwöchigen bolschewistischen Besetzung mit der Parole »Tötet die Bourgeoisie und die Ukrainer!« mehr als 5000 friedliche Bürger in eben jenem Marien-Park erschoss, in dem die Berkut-Einheiten des Innenministeriums während des Maidan ihr Lager aufgeschlagen hatten, und so verbreitete sich im Winter 2014 die Nachricht im Internet, dass in der Nähe Kyjiws ein Konzentrationslager für mehrere zehntausend Maidan-Aktivisten eingerichtet werde, für diese »Bourgeois und Ukrainer« des 21. Jahrhunderts, was ziemlich fantastisch und zugleich äußerst bedrohlich klingt, jedenfalls wurde dieser Monat vor den Erschießungen, deren Opfer dann die Himmlischen Hundert genannt wurden, in den Kreisen von Historikern als zweiter Murawjow-Terror bezeichnet ...). Alle wussten, dass die Russen in der Stadt waren – sowohl Vertreter des Militärs als auch paramilitärischer Einheiten, es half ihnen nichts, dass sie sich sorgfältig tarnten: Sie konnten nicht in der »schrecklichen Schönheit« des Maidan-Meeres untertauchen, sie kontrastierten zu sehr mit der allgemeinen Atmosphäre der Brüderlichkeit und gegenseitigen Unterstützung – sie waren wie schwarze Gestalten im Gegenlicht, seltsame, stumme Polizisten, in ukrainischen Uniformen bei den Wechselstuben, die offensichtlich nicht mit ukrainischem Geld vertraut waren; seltsame »Maidan-Aktivisten« mit hinterhältigen Blicken und russischem Akzent, und als man sie bei ihren Provokationen zur Rede stellte, konnten sie nicht sagen, wo die ukrainischen Städte liegen, aus denen sie angeblich kamen; die seltsamsten Pilger der Welt kamen Ende Januar in mehreren Bussen aus Russland ins Kyjiwer Höhlenkloster – Skinheads, junge Männer, alle mit den gleichen Militärklamotten und identischen Rucksäcken, die entweder irgendwo in den mittelalterlichen Höhlen des Klosters verschwanden oder in Wohnheimen der orthodoxen Kirche des Moskauer Patriarchats, aber genau am Tag nach ihrem Erscheinen wurde das erste Blut auf dem Maidan vergossen, aus den Reihen der Spezialeinheiten, die das Regierungsviertel bewachten, begann man mit scharfer Munition auf die Demonstranten zu schießen, und es war klar, dass es nun nicht nur um die europäische Integration geht, sondern um Leben und Tod für das ganze Land – um aus uns ein Belarus zu machen, eine Moskau unterwürfige KGB-Diktatur, deshalb mussten wir uns bis zuletzt wehren, verhindern, dass der Maidan auseinandergejagt wird …

Und wir gaben nicht auf – zündeten Reifen an, jagten die »Berkut« mit Feuer von den Barrikaden, und als sie anfingen, methodisch von den Dächern umliegender Gebäude auf den Maidan zu schießen und im Minutentakt Opfer aus der Menge aussuchten, gerieten wir nicht in Panik und rannten weg – inzwischen denke ich, dass wir einfach »zu viele« waren. Die russische Technologie der »Säuberung«, die man bereits in Syrien und Tschetschenien erprobt hatte, war nicht für derartige Menschenmassen im Zentrum einer Fünf-Millionen-Stadt ausgelegt, selbst Panzer wären in einem solchen Meer ertrunken, zugegeben, damals hatten sie noch keine Panzer dabei, doch auch heute, nach acht Jahren, als sie nun ohne Scheu und Maskerade ihre gesamte Militärtechnik zu uns geschickt haben, müssen ihre Panzer, wie sich zeigt, stehenbleiben, wenn eine verschlafene Grenzstadt unerwartet zum Leben erwacht und Hunderte und Aberhunderte entschlossene menschliche Gestalten aus allen Ecken und Winkeln auftauchen (»die Panzer fahren rückwärts«, sagt eine Männerstimme aus dem Off eines mit einem Handy aufgenommenen Videos vom Februar 2022: »Die versammelten Bewohner von Korjukiwka haben sie nicht in die Stadt Korjukiwka gelassen!« – und ich weine jedes Mal bei diesem Video, weil ich jedes Mal diese Tonlage erkenne – die eines erwachsenen Mannes, der mit bloßen Händen einem anderen das

Leben retten, unter Lebensgefahr: Ich habe sie zum ersten Mal damals, auf dem Kyjiwer Maidan gehört, am Tag der Ermordung der Himmlischen Hundert …).

Aber unser Vorteil auf dem Maidan war nicht nur unsere große Menge – wir haben nicht nur aufgrund unserer zahlenmäßigen Überlegenheit gewonnen, und genau das ist der Punkt: Wenn eine Gemeinschaft wie »ein Mann« steht, ist ihre Größe nicht nur ein quantitatives Element, denn ein solcher »Mann« wird zum kollektiven Symbol der Geschichte skaliert und ist in dem bereits zitierten Artikel 5 der Verfassung der Ukraine beschrieben, und so etwas passt einfach nicht ins Visier eines Scharfschützengewehrs (auch nicht eines Panzers oder eines Granatwerfers …), weder im direkten noch im übertragenen Sinn: Für Verbrecher wird dieses kollektive Symbol der Geschichte immer unsichtbar und damit unerreichbar – etwas »Unvorhersehbares« sein. Kurz und gut, das Böse »sieht« das Gute nicht – und kann es daher nicht gezielt zerstören, wird nie das richtige Zielwasser haben. Wer die Unterwerfung fremder Länder und die Ermordung Unschuldiger plant, handelt immer nach der Methode eigener psychologischer Projektion: Er setzt auf die Motive beim Gegner, die ihm nahe und nachvollziehbar sind (Egoismus, Gier, Neid, Lust, Ehrgeiz – wenig überraschend, dass die Instruktionen des KGB, wie man sich sein Opfer bei der

Rekrutierung »angelt«, sich nicht wesentlich von der Aufzählung der sieben Todsünden unterscheiden!), aber solche Verbrecher erweisen sich als völlig ratlos, sozusagen einfach blind, wenn sie mit einem anderen Teil des menschlichen Motivations- und Wertespektrums konfrontiert werden – mit Empathie, Solidarität, gegenseitigem Respekt, gegenseitiger Hilfe, Selbstaufopferung – mit all jenen Gefühlen, die aus einer gesichtslosen Menschenmasse eine Gemeinschaft machen – oder, um es politisch treffender zu sagen: eine Zivilgesellschaft hervorbringt.

Bei allen Spezialoperationen des Kreml in diesem Jahrhundert, die auf die Liquidierung der Ukraine abzielten, haben wir gewonnen, weil diese höchste Kraft – eine durch aktive Liebe vereinte Gemeinschaft – im Repertoire des neu restaurierten Imperiums der Spezialdienste keinen Platz hatte, »man glaubte nicht an die Existenz einer solchen Gemeinschaft«. (Das ist vielleicht noch bedeutender als Putins Unglaube an die Existenz der Ukraine, und deshalb heißt dieser Krieg in der Ukraine auch »Krieg der Welten«!) An den Egoismus in all seinen Facetten glauben sie bedingungslos, denn auf dem Egoismus gründete nicht nur die Gesellschaft der kapitalistischen Konkurrenz, derer sich Moskau ebenbürtig zu erweisen träumte, sondern auch die viel nähere und Moskau vertraute, eigene historische Erfahrung des Gulag mit seinem Motto »Stirb du heute, damit ich morgen sterbe«, und genau das ist die Art von Russland, die der FSB seit 1993 konsequent (und leider erfolgreich) aufgebaut hat – aber Gemeinschaftsdenken oder gar Altruismus – also etwas, das nicht von oben nach unten entlang der Machtvertikale verläuft (ein Begriff, der unmittelbar nach dem Zusammenbruch der UdSSR im politischen Wortschatz der Russischen Föderation eingeführt wurde!), sondern von unten geschaffen wird, selbsttätig, also wenn sich Menschen zu einem Protest versammeln und ihn selbsttätig organisieren, ohne Befehl »von oben«, ohne Kontrolle und Bezahlung – das blieb für die sogenannten Moskauer Polittechnologen, die seit Anfang der 2000er Jahre in der Ukraine bei allen Wahlen wie bei sich zu Hause mitmischten, unverändert ein blinder Fleck, wie Infrarotstrahlung. Im russischen Bewusstsein wird die Masse, der Plebs, einzig und allein als negative, zerstörerische Kraft verortet: Wenn sie »alleine«, ohne Aufsicht von Polizei und Brigadeführer, protestiert, bedeutet das, dass sie Schaufenster einschlagen muss, Autos anzünden und prall gefüllte Taschen mit Raubgut aus Geschäften schleppen, also im Grunde so, wie sich heute russische Soldaten in Supermärkten der besetzten ukrainischen Dörfer aufführen (übrigens führen sich auch russische Zivilisten so auf, zum Beispiel in Tallinn im April 2007, während der sogenannten »Nacht des Bronzesoldaten«, als die russische Minderheit in Estland gegen die Verlegung des Denkmals für den sowjetischen Soldaten protestierte – und dann bis zum Morgen Läden plünderte, vor allem Schnapsläden ...).

Dies ist nicht der Ort für eine Geschichtsstunde oder eine Reflexion, warum Russland nie einen »dritten Stand« freier Bürger hatte, während die Ukraine die Selbstverwaltung ihrer Städte bis ins 19. Jahrhundert verteidigte, selbst als sie Teil des Russischen Reiches war (als der russische Zar Pawel I. erneut das Magdeburger Stadtrecht für Kyjiw bestätigte, das zuvor von Katharina II. kassiert worden war, feierten die Menschen in Kyjiw drei Tage lang mit einem Feuerwerk und errichteten 1802 eine Gedenksäule zu Ehren dieses Ereignisses, vielleicht auch deshalb, damit die Nachfolger die Bestätigung nicht wieder aufhoben!), oder warum die bürgerliche Revolution in Russland weder im Februar 1917 noch im August 1991 gelang, es sich aber dort, wo es zu Volkserhebungen kam, vor allem um Aufstände der einheimischen Halunken und Querulanten mit Brandstiftung und Verwüstung von Schnapsläden handelte. Dieser kurze Exkurs dient hier nur zur Verdeutlichung, wofür wir in der Ukraine gekämpft haben, auf den verschiedenen Maidan-Protesten gestorben und erfroren sind: »Für die Menschheit – gegen die Entmenschlichung«, die allerprägnanteste Formel, lange bevor Putin, als er nach zwanzig Jahren endgültig die Geduld mit uns verloren hatte, seine Maske herunterriss und unverhohlen mit Hitlers Stimme vom 1. September 1939 herumgeiferte. (Und Freiheit, Demokratie und Treue gegenüber der eigenen europäischen Identität und der über tausendjährigen Zugehörigkeit der Ukraine zum europäischen Kulturkreis erscheinen hier als dessen Aspekte, doch der Maidan selbst kann auf keins davon reduziert werden.) Ohne es selbst wahrzunehmen oder die Fallstricke zu bemerken, die man für uns auslegte, haben wir als ganzes Volk – als Gemeinschaft und Zivilgesellschaft – sie im Frühjahr 2014 so leicht zerrissen wie ein Elefant, der durchs Dickicht trampelt und eine Kaninchenfalle zertritt …

Hier wieder eine persönliche Erinnerung. Es war wahrscheinlich der 5. oder 6. Tag nach der Flucht von Janukowitsch und seinen Leuten, Kyjiw und seine Wunden wurden von der Natur mitfühlend mit Neuschnee bedeckt – auf der verkohlten Ruine des Gewerkschaftshauses – und mit geschmolzenen Kerzen auf dem Asphalt, wo am 20. Februar Blutlachen standen, und war noch in einem tiefen Schockzustand (Kyjiw war bis zum Sommer 2014 in einem Schockzustand – beim Scheppern einer zu Boden gefallenen Gabel erstarrte schlagartig das ganze Restaurant, in anderen Städten erkannte man uns Kyjiwer daran, wie leise wir sprachen …): So ist es, wenn eine ganze Stadt trauert, registrierte ich stumpf, wenn hundert junge, aufgeweckte, lebensfrohe und liebe Menschen wie in einem Schießstand erschossen werden, der bloße Anblick ihrer Fotos ruft ein starkes Gefühl persönlichen Verlusts hervor: Was für Gesichter! Ich möchte mit diesen Menschen in einem Land leben! Die Stadt war von Schock und Trauer überwältigt, still und halbleer – und unglaublich aufmerksam und feinfühlig allen gegenüber, wie in einer Familie nach einer Beerdigung: Auf den Straßen gaben die Autofahrer einander die Vorfahrt, ratlos, wie sie dem Nachbarn sonst noch Freundlichkeit erweisen konnten, auf der Straße und in den öffentlichen Verkehrsmitteln waren die Menschen so höflich, dass sie sich schon fast voreinander verneigten, und wenn jemand plötzlich mitten auf der Straße in Tränen ausgebrochen wäre, würde ihn die ganze Straße bestimmt in die Arme geschlossen haben – und ich fuhr mit einem Taxi durch dieses halbleere, schwarz-weiße, wie in einem Stummfilm vom Schnee bestäubte Kyjiw – und bemerkte auf einer leeren Straße ein Auto, das offenbar auf glatter Fahrbahn ins Rutschen geraten war: es stand quer an den Bordstein gedrückt, keiner zu sehen, anscheinend hatte der Fahrer die Handbremse angezogen und war losgegangen, um Hilfe zu holen.

Und dann meldete sich der Taxifahrer, der mich fuhr – und weckte mich aus meiner 5-tägigen Erstarrung seit der Schießerei:

»Und es gibt keine Schupos«, murmelte er nachdenklich.

»Wie, es gibt keine?«, fragte ich überrascht. »Und die, die den Verkehr an den Kreuzungen regeln«, denn in der ganzen Stadt waren die Ampeln ausgeschaltet worden, »wer sind die?«

»Keine Ahnung!« Der Taxifahrer griff das Thema bereitwillig auf. »Sie haben keine Legitimationen. Sie halten einen an und sagen, sie seien die Selbstverteidigung des Maidan, aber wie kann man jemanden überprüfen, wenn er eine Waffe hat? … Und es gibt keine Schupos und keine Cops, es gibt niemanden, seit Janukowitsch geflohen ist, glauben Sie mir, es gibt keine offizielle Regierung in der Stadt … Okay, das Parlament funktioniert …«

»Ach so!« Ich schlug mir an die Stirn. »Deshalb kaut das russische Radio schon den fünften Tag wieder, dass es Pogrome in Kyjiw gebe!«

In Moskau glaubte man zweifellos, dass man nur die Polizei aus der Stadt entfernen müsse, dass die Bürger wie Sträflinge ohne Bewachung losgehen und Schnapsläden und das verlassene und offen stehende 136 Hektar große Anwesen von Janukowitsch plündern würden (komm herein und bediene dich!), besonders, wenn man auch ein paar Provokateure hineinschmuggelt, die zeigen, wie's gemacht wird! … Dass solche Gruppen in einer durch gemeinsame Trauer geeinten Stadt sofort neutralisiert werden, von einer Mauer öffentlicher Missbilligung (so verspielte Julija Tymoschenko ihre politische Karriere: Sie redete unmittelbar nach dem Gedenkgottesdienst für die auf dem Maidan Umgekommenen über ihre zukünftige Präsidentschaft und wurde wegen Mangels an Empathie ausgebuht, ganz wie die Figur in Stephen Kings »Dead Zone«!), und noch mehr: dass die Stadt, vereint durch gemeinsame Trauer, in der Lage ist, »selbst« eine ideale Ordnung auf ihren Straßen aufrechtzuerhalten, von der die Polizei nicht einmal zu träumen wagt – das wurde von den Moskauer Drehbuchschreiberlingen der »ukrainischen Krise« nicht einmal hypothetisch angenommen, weil sie sich nicht vorstellen konnten, dass die Erschießung von gut einhundert gewöhnlichen, zufällig ausgewählten Menschen, die außerhalb der kleinen Gemeinden, aus denen sie stammten, keiner kannte, schließlich eine »gemeinsame Trauer« im ganzen Land hervorrufen kann.

Das ist das Problem aller Polizeistaaten: Wo es keine Zivilgesellschaft gibt, kann es keine Sympathie, kein Mitgefühl geben – das Gefühl eines stützenden Ellbogens oder einer Schulter zum Anlehnen … Wir sollten uns nicht durch eine anscheinend einmütig brüllende Menge in den NS-Wochenschauen täuschen lassen – die Wahrheit über den moralischen Verfall, die »Atomisierung« der deutschen Gesellschaft unter Hitler verraten uns die Memoiren der

Deutschen von 1945, wo es nicht einmal den Schatten von Solidarität gibt, fromme ältere Damen liefern der Roten Armee die Mädchen der Nachbarschaft zur Vergewaltigung aus, und in der Beziehung zum Nächsten herrscht auf Schritt und Tritt jener Grundsatz »Stirb du heute, ich sterbe morgen«. Heute wird diese Linie durch Gespräche russischer Soldaten mit ihren Familienangehörigen fortgesetzt – reichhaltiges anthropologisches Material, an dem Soziologen den Zerfall zwischenmenschlicher Bindungen bereits auf familiärer Ebene erforschen können (»Mama, ich bin in Gefangenschaft!« – »Ruf mich gefälligst nicht mehr an, ich bekomme Unannehmlichkeiten!« etc.).

Die Tatsache ist unbestreitbar: Wir haben gewonnen, weil wir uns als besser erwiesen, als unsere Mörder es sich vorgestellt hatten. Das für uns geschneiderte »Krisen«-Szenario stellte sich als nicht passend und für unsere Verhältnisse zu klein heraus.

Kyjiw nahm dieses Szenario damals buchstäblich nicht wahr: Als die Miliz zwei Wochen später in die Stadt zurückkehrte, stellte sich heraus, dass ihre Abwesenheit nur von denen bemerkt worden war, die, wie ich nach dieser Taxifahrt, absichtlich auf den Straßen Ausschau hielten – die Mehrheit, auch unter meinen Freunden, war überrascht von meiner Beobachtung: »Was, die waren wirklich nicht da?« »Zwei Wochen?« Aber es war nicht die Zeit, sich damit aufzuhalten, die Ereignisse überstürzten sich, brachen wie ein Dach über dem Kopf zusammen, das Land hatte nicht die Zeit, sie zu überdenken oder zumindest in irgendwie bewussten Strukturen zu fixieren … Das ist im Allgemeinen ein Merkmal von Krieg, an dem das menschliche Individuum ihn erkennt – aus gutem Grund wurde der Krieg in der mittelalterlichen Esoterik mit dem Wort »Flut« kodiert: ein zerstörerisches Element, das immer wieder kommt, und um wenigstens zu überleben, muss man »den Kopf über Wasser halten«, die ganze Zeit hart rudern, sich »abstoßen«, an der Oberfläche bleiben und sich nicht nach unten ziehen lassen; zu mehr reichen die Ressourcen nicht aus.

Unmittelbar nach den schockierenden Ereignissen auf der Krym brachen alarmierende Nachrichten aus gleich acht Regionen über uns herein, die im politischen Diskurs seit einigen Jahren zunehmend mit dem bizarren Sammelbegriff »Südosten« bezeichnet werden (als wäre es eine einheitliche Region, im Gegenteil, sie ist historisch ziemlich bunt und konnte nicht einmal von den Sowjets ordentlich vereinheitlicht werden!) – Charkiw, Dnipro (damals Dnipropetrowsk), Donezk, Luhansk, Mykolajiw, Zaporischja, Cherson, Odessa, und überall, wenn man genauer hinblickt (doch wer hat die Zeit genauer hinzuschauen!), wiederholte sich in kleinerem Maßstab das »Kyjiw-Drehbuch«: Menschen (natürlich nicht eine Million, sondern eine »kompakte« Masse von einigen Tausend!) versammelten sich auf dem Platz vor der Stadtverwaltung, wie im antiken Griechenland auf der Agora, um die aktuellen Ereignisse zu besprechen, bestimmte Informationen von den Behörden zu erhalten, denn schließlich flieht der Präsident nicht alle Tage aus dem Land, nachdem er zuerst im Zentrum der Hauptstadt ein Blutbad angerichtet hat! – und da tauchen plötzlich unter ihnen Grüppchen mit russischen Fahnen auf, unter denen sich eindeutig auch Russen befanden. Sie reisten in paramilitärischen Einheiten unter der Tarnung »russischsprachiger Ukrainer« an und mischten sich unter die lokalen sogenannten prorussischen Aktivisten (unerwartet stellte sich heraus, dass seit Anfang der 2000er Jahre prorussische Organisationen mit »sportlich-kulturellem« Profil in diesen Gegenden wie Pilze nach dem Regen aus dem Boden geschossen waren, großzügig finanziert durch die Botschaft der Russischen Föderation, beispielsweise zog der russische Vizekonsul in Odessa sogar mit Aktentaschen voller Geld durch die Nachtklubs, bis er sich im Frühjahr 2009 laut offizieller Version in seinem Büro erhängte ...). Und dennoch waren die Russen selbst in dieser lauten dreifarbigen Menge auffällig (in Charkiw verrieten sie sich sofort, indem sie das Stadttheater anstelle des Rathauses angriffen und damit den Fehler von Prag 1968 wiederholten, als die sowjetischen Truppen auf das Nationalmuseum feuerten, nach der gleichen Logik: Die Regierung muss im schönsten Gebäude im Stadtzentrum sitzen!), zeichneten sich dadurch aus, dass sie eindeutig und unmissverständlich zu Kriegshandlungen hergekommen waren. Und hinter ihnen (genauer gesagt vor ihnen: vor ihnen mit vorab aufgestellten Kameras!) filmte das russische Fernsehen die zunehmend blutigen Kämpfe, die sie inszenierten.

Staatsgewalt, wie mein Taxifahrer sagte, schien es diesen Frühling wirklich nicht zu geben, die ukrainische Armee erwies sich für so einen Fall als unvorbereitet, schlecht ausgerüstet und demoralisiert durch die Flucht der Führung, die Ordnungshüter flohen vor der Randale oder hielten sich abseits, aus Donezk schrieben Leser verzweifelt, dass unglaublich viele kriminelle Elemente aus Gefängnissen entlassen wurden (die in dieser Region durchaus zahlreich sind!), »um Bourgeoisie und Ukrainer zu schlagen«, und (ich erinnere mich noch an diese Worte) »unsere Bullen decken sie« (das war für mich neu, eine markerschütternde Erfahrung existenzieller Hilflosigkeit – Briefe von Lesern, die ihrem Lieblingsschriftsteller nicht als Person, sondern als »Institution« schreiben, denn es gibt keine anderen für sie erreichbaren Institutionen mehr, an die sie sich wenden können!), und von irgendwoher schwappte anstelle des »Südostens« ein neuer und bedrohlicher Begriff durch den Äther: »Neurussland«; und in Russland selbst erklärte Putin, dass diese, aus seiner Sicht seit Alters her russischen Gebiete selbstverständlich mit Russland wiedervereinigt werden sollten als neue Subjekte der Föderation nach dem Muster der Krym-Annexion. Trikolore über dem Sitz der Stadtverwaltung, Referendum mit vorher festgelegten Ergebnissen, die Ausrufung einer weiteren Volksrepublik …, all das nannte man dann »Russischer Frühling«, und der frühere Außenminister Polens, Radek Sikorski, veröffentlichte die Information (obwohl er später seine Worte widerrief und sich entschuldigte!), Putin habe den Führern Polens, Rumäniens und Ungarns im Februar vorgeschlagen, die Ukraine »unter ihnen vier« aufzuteilen, doch nur Viktor Orbán habe diesem Schurkenstück zugestimmt … Währenddessen befand sich der ukrainische Staat selbst in einem halb aufgelösten Zustand, die Wahl eines neuen Präsidenten sollte Ende Mai stattfinden, inzwischen übernahm der Parlamentssprecher, Oleksandr Turtschynow, die Präsidialpflichten, und die ukrainischen Politiker warteten – genau wie die europäischen im Jahr 2022 – darauf, was passieren, wie es ausgehen werde und stritten untereinander. Nur die Freiwilligen sammelten sich weiter hinter der blau-gelben Fahne, und mancherorts, als klar wurde, dass keiner uns verteidigen würde außer wir selbst, mussten wir auf die Barrikaden und Checkpoints, um die Hauptstadt abzusichern, der Maidan musste nun das ganze Land schützen …

Irgendwann zu dieser Zeit stieß ich auf jenes bereits erwähnte Video von Yuri Bezmenows Interview aus dem Jahr 1984, und es war wie in einem Kaleidoskop: Mit dem letzten Dreh der Linse passten alle Puzzleteile endlich zu einem vollständigen Bild zusammen. Nun war dieses Bild natürlich die ganze Zeit irgendwie da, und ich wiederhole: für alle, die den Winter 2013/14 in Kyjiw erlebt haben, waren Russlands Absichten uns gegenüber im Prinzip klar, auch ohne Insiderwissen aus einem dreißig Jahre alten KGB-Lehrbuch. Und überhaupt war die einstige »Metropole« mit ihren imperialen »Phantomschmerzen« ständig »hinter den Kulissen« (und während Janukowitschs Präsidentschaft immer öfter »auf der Bühne«!) in allen wichtigen politischen und wirtschaftlichen Prozessen der Ukraine anwesend – im medialen Raum seit Anfang der 2000er Jahre wuchs diese Präsenz stetig – ich hatte es sogar geschafft, mein Opus Magnum, »Das Museum der vergessenen Geheimnisse«, in den 2000er Jahren über diesen »durch die physische Absenz verlorenen Informationskrieg« zu schreiben (und nicht nur zu schreiben, sondern auch rechtzeitig zu veröffentlichen, denn auf dem Buchmarkt der Ukraine wandelte sich in den Jahren 2008/2009 die russische Expansion von schleichend zu total, 90 % der Bücher in Buchhandlungen waren russische Importe!). Aber eine Sache gilt es zu beobachten: wie die Russen diese »Rekolonisierung« seit Jahren mit einer Salami-Taktik betreiben, mit Unterbrechungen und periodischen Niederlagen, wie im Jahr 2004, was uns erlaubte, obwohl wir mittendrin steckten, keine allzu große Angst davor zu haben, denn egal was passierte, »die Gemeinschaft steht wie ein Mann« und »Was können sie uns schon antun?« (meine Mutter stammt aus der letzten Generation osteuropäischer Intellektueller, die noch an den Fortschritt glaubte und dazu beste Gründe hatte, sie war zum Beispiel bis zum Einmarsch russischer Truppen in den Donbas im Mai 2014 fest davon überzeugt, dass »es ihnen nicht gelingen wird!«). Aber es ist etwas anderes – wenn Sie auf eine »Instruktion« stoßen, nach der ein mehrjähriges Szenario der »Übernahme« zu einem zusammenhängenden, logischen, mechanisch folgerichtigen (wenn etwas nicht funktioniert, wird es immer wieder und wieder wiederholt) und bürokratisch banalen (oh ja, das Böse ist banal, Hannah Arendt hatte recht!) Systembild wird: ein nach und nach entwickelter Algorithmus. Das ist des Pudels Kern: Unser Krieg mit Russland hat nicht 2014 begonnen. 2014 wollte Putin ihn beenden.

Dafür hatte er, wie wir heute wissen, alles vorbereitet, alles aus der Sicht seiner tschekistischen Korporation richtig gemacht – so wie es ihm in den 1970er Jahren in dieser Korporation beigebracht worden war. Und niemand, niemand auf der ganzen Welt (mich eingeschlossen!) sah in diesem Frühjahr eine reale Kraft, die ihn daran hindern hätte können … (In gewisser Weise verstehe ich ihn sogar – weil ein Schriftsteller einen jeden als potenziellen Protagonisten verstehen muss! Ich verstehe die Empörung eines Psychopathen, der nicht sieht, wo er einen Fehler gemacht hat, denn er kann ihn nur sehen, wenn er aus dem System heraustritt, was er freilich nicht kann.) Niemand hätte von uns das erwartet, was wir in diesem Frühjahr erreicht haben. Und vor allem hätten wir es von uns selbst nicht erwartet.

Das ist das Interessanteste an dieser Geschichte. Deshalb sollte es niedergeschrieben und der Nachwelt hinterlassen werden.

Deshalb nenne ich es das Wunder am Dnipro …

2. Aus der Geschichte des Kalten Kriegs, der nie wirklich endete

Wenn wir die russisch-ukrainischen Beziehungen zwischen 1991–2014 vor dem Hintergrund von Bezmenows vier Phasen ideologischer Sabotage betrachten, dann setzt sich in diesem Kaleidoskop ein so transparentes und eindeutiges Bild zusammen, dass es mir bei dem Gedanken daran immer noch kalt den Rücken herunterläuft. Man muss einfach jene Sichtweise aufgeben, die verhindert, die Dinge so zu sehen, wie sie sind, nämlich den vom Westen verinnerlichten, überheblichen Blick, nach dem »die westliche Welt den Kalten Krieg in den Jahren 1989–1991 endgültig für sich entschieden hat«. In Wirklichkeit hat sie nichts für sich entschieden, sondern einfach einen Waffenstillstand erreicht und dabei auch noch einseitig abgerüstet.

In der Zwischenzeit wechselte die Kreml-Krake rasch ihren dominanten Fangarm. Eben dazu benötigte sie die ganze Perestroika – an die der Westen so freudige Erwartungen geknüpft hatte –, vor allem, um den lange faulenden Ballast, die kommunistische Partei, abzuwerfen. Selbst wenn diese formal bis zuletzt als oberster Kontrolleur und zentrales Haupt des sowjetischen dreiköpfigen Drachen der Macht (die kommunistische Partei – die Geheimdienste

– der militärisch-industrielle Komplex) agierte, obwohl sie keine Kraft mehr hatte, ihre ideologische Funktion auszufüllen, die ihre Raison d'Être ausmachte und zugleich auch Raison d'Être der gesamten Sowjetunion war. Soweit ich mich erinnern kann, glaubte niemand daran, dass »wir den Kommunismus aufbauen« und (wie man es auswendig lernen und im politischen Unterricht mit ernstem Blick wiederkäuen musste) »die gegenwärtige Generation der Sowjetmenschen unter dem Kommunismus leben wird«. Jenseits des offiziellen Rituals war das nur Stoff für Witze (ich habe nur einen einzigen Bekannten, der sich ganz aufrichtig mit der Idee des Kommunismus identifiziert hatte – im Alter von 7 Jahren, nachdem er von einem Lehrer hörte, dass der Kommunismus bald kommen werde und dann die Süßigkeiten kostenlos sein würden, doch noch am selben Tag zerstörten seine Eltern diese Illusion, und es ist nicht ausgeschlossen, dass sie damit der Ukraine den letzten aufrichtigen Kommunisten nahmen …).
Ein viel effektiverer Kandidat für die Rolle des ideologischen Hypnotiseurs der Massen, der zu diesem Zweck bereits 1943 von Stalin rehabilitiert worden war, war die russisch-orthodoxe Kirche des Moskauer Patriarchats, die perfekt in die Rolle der »spirituellen Abteilung« des Kreml passte. Es brauchte nur ein Reset des Imperiums (»ein neuer Unionsvertrag«) auf neuen ideologischen Grundla-

gen – ohne das »Kapital« von Marx und das globalisierte Hammer und Sichel-Banner (Hammer und Sichel wurden übrigens aus der Staatssymbolik der ukrainischen Volksrepublik entliehen, auf ihren Geldscheinen erschienen sie erstmals im Jahr 1918: eine Bäuerin mit Sichel und ein Arbeiter mit Hammer, geschaffen vom brillanten Grafiker Georgy Narbut) – doch nun gegen den byzantinischen Adler und den Kult der Schulterklappen der Ordnungsorgane eingetauscht (der fließend in den Tschekistenkult überging).

Nun ist es also die Geheimpolizei – die alte, seit Iwan dem Schrecklichen existierende Moskauer Opritschnina, dann die Petersburger »Ochranka«, schließlich (die wieder Moskauer) Tscheka-GPU-NKWD-MGB-KGB-FSB – egal wie sich Bezeichnung, Hauptstädte und Wappen ändern, zusammen mit der »Machtvertikale« (im Idealfall die Autokratie) bleibt sie stets die zentrale staatsbildende Institution, die Moskowien und später Russland *historisches Gewicht* sichert – die wie ein eherner Ring zu verschiedenen Zeiten jenes Konglomerat aus Unterjochten und unverdauten Ethnien und Völkern zusammenhält – wie ein hastig aus verschiedenen Holzstücken zusammengeschusterter und morscher Kübel, der ohne ihn im Nu auseinanderfallen würde. Zugegeben, es war eine ehrgeizige Idee, eine postmoderne Diktatur der Geheimdienste zu schaffen (jedes Land hat Geheimdienste, die ihre eigene Beziehung zu Moral und Recht pflegen, so wie jedes Haus eine Toilette hat, doch wie hat man sich ein Klo vorzustellen, das das ganze Haus dominiert?). Dazu war es notwendig, aus den Fehlern der Vergangenheit zu lernen: Erstens, die »Organe« wie damals unter Stalin der Parteikontrolle und im Allgemeinen jeder externen Kontrolle zu entziehen (oh ja, wie heftig die KGBisten aller Generationen Chruschtschow dafür verfluchten, dass er sie Kontrollinstanzen unterstellte, ihren allmächtigen »Orden der Unberührbaren« verwundbar machte und sogar mehrere Tausend von ihnen »wegen Verletzung der sozialistischen Gesetze« vor Gericht stellte – eine echte Revolution und die einzige in der gesamten Geschichte der UdSSR!), und zweitens, für den internen Gebrauch, die tödliche Langeweile der Parteiversammlungen und Politschulungen durch ein viel wirksameres »Opium fürs Volk« zu ersetzen: mit dem hemmungslosen und totalen Showbiz eigener Produktion, der Fernsehdiktatur.

(Ich vermute, dass die Technik der Zombifizierung der Massen von der Führung des »Imperiums des Bösen« wie gewöhnlich vom Feind geklaut wurde. So wurde in den Vereinigten Staaten der Reagan-Ära, wie der Philosoph Cornel West zeigt, die gesamte »Harlem Renaissance« der 1960er und 70er Jahre durch die Unterhaltungsindustrie

von innen heraus zersetzt, und es wäre doch überraschend, wenn die Designer und Technologen des neuen russischen Polit-Systems diese Erfahrung nicht genutzt hätten für ihre Hybridkonstruktion aus Lubjanka und Hollywood.)
Ich hatte das Glück, keinen dieser Hybrid-Produzenten persönlich zu kennen, und verlasse mich hier auf das Wort von Swetlana Alexijewitsch: Sie traf sich mit Boris Berezowsky, dem »Chefarchitekten« dieses Schattenreichs auf Erden, der 2013 in London ermordet wurde, höchstwahrscheinlich durch die Hand seines eigenen Frankenstein, und sie versicherte, dass er (von Beruf her übrigens Mathematiker) ein teuflisch talentierter und außergewöhnlicher Mann gewesen sei. »Teuflisch« passt hier nicht nur im empathisch übertragenen Sinn, sondern auch wörtlich: laut ihrer Beobachtung hatte Berezowsky ernsthaft vor, »die Welt zu regieren«. Es scheint, dass dies eine der vielen ungeschriebenen Geschichten (leider schreibt heutzutage niemand mehr so etwas!) über Doktor Faustus und den Verkauf seiner Seele an den Teufel ist und auch darüber, wie solch ein Handel unausweichlich zum Verlust aller Talente des Menschen führt (woher auch rührt, was ich den »Orwellschen Fehler« nenne: Orwell glaubte an das Potenzial von O'Brien als böses Genie, das *mit Verständnis, doch ohne Mitgefühl für seine Opfer* begabt ist; aus der Erfahrung unseres dreißigjährigen Krieges lernte ich hingegen, dass ohne Mitgefühl auch der

Verstand zugrunde geht, und ein Mensch, der dem Bösen dient, unweigerlich verdummt, was ich für keine schlechte Nachricht halte: Es wäre doch viel schlimmer, wenn wahre Genies unsere Vernichtung planten!).

Berezowsky wird die wesentliche Formel des politischen Einflusses zugeschrieben, die Putin nach seiner Machtübernahme in der Außenpolitik zu adaptieren begann: »Warum eine Fabrik kaufen, wenn man den Direktor kaufen kann?« Das Hauptinstrument der westlichen Demokratie – Wahlen – sollte gemäß Bezmenows altem KGB-Judo-Trick gegen den Westen selbst gerichtet werden, durch das »Kaufen« gehorsamer Politspitzen in verschiedenen Ländern mittels immer erfindungsreicherer Wahltechnologien (lies: mittels einer immer mächtiger werdenden Lügenmaschinerie!). Nun ist ein Land, insbesondere ein freies, natürlich keine »Fabrik«, und selbst zugunsten des eigenen Agenten in einem anderen Land eine gewonnene Wahl bedeutet noch lange nicht, dass »das Land gekauft ist«, dafür braucht man, selbst wenn man ein begabter Mathematiker ist, im Hintergrund eine andere, nicht-russische Polit-Kultur. In Russland funktioniert dies alles perfekt. Die Kommunistische Partei wurde zum »Sündenbock«, den die vereinten KGB-Eliten gerne opferten – dem Sündenbock wurden der vereinte Volkshass und alle historischen Negativa aufgehalst, die in die Vergangenheit entsorgt wurden – und die sogenannten »Organe«, die direkt für die Verbrechen des sowjetischen Totalitarismus verantwortlichen Institutionen, konnten sich wieder wie unter Stalin als Hüter von Recht und Ordnung präsentieren mit ihrem Sprüchlein: Mit kühlem Kopf, sauberen Händen und warmem Herzen. So romantisch formulierte es damals der Gründer der Tscheka, der polnische Adlige Feliks Dzierżyński (übrigens wäre die »Rehabilitation« des Tschekisten in der russischen Populärliteratur und im Kino der letzten dreißig Jahre doch ein wahnsinnig interessantes Thema für westliche Russistik, seine Weißwaschung vom blutigen Henker zum Intellektuellen in Uniform ohne Furcht und Tadel: Der Prozess dieser sozusagen »Ent-Chruschtschowisierung« begann bereits zu Zeiten der UdSSR, als Juri Andropow an der Spitze des KGB stand, und in der postsowjetischen Russischen Föderation erlangte sie dann ein wahrhaft industriell betriebenes Ausmaß – ohne eine solche Vorbereitung wäre es unmöglich gewesen, ein Land aufzubauen, in dem laut verschiedenen Quellen fast zwei Drittel der Regierungsbeschäftigten einen Nebenjob beim FSB haben und vierzig Prozent der männlichen Bevölkerung in Armee oder Polizei dient, was für die Mehrheit die einzige Möglichkeit sozialer Mobilität ist).

Und alles wäre vielleicht gut geworden, wäre da nicht ein unvorhergesehener Umstand eingetreten: Die Reparatur des sowjetischen Kübels hatte gerade begonnen, als er bereits auseinanderfiel. Zum zweiten Mal im 20. Jahrhundert (das erste Mal begann es nach dem Ersten Weltkrieg, doch es gelang, den Zerfallsprozess mit viel Blut und einer großen Täuschung in Polen und Finnland zu stoppen und sich sogar die baltischen Länder später wieder einzuverleiben!), an der Wende der 1980er zu den 1990er Jahren begannen sich die sogenannten »nationalen Ränder« abzuspalten, also die nichtrussischen Republiken, deren Existenz der Westen im Allgemeinen während des gesamten Kalten Krieges ignoriert hatte, in bequemer Übernahme der imperialistischen Sicht Moskaus als »Randgebiete des großen Russland«, ohne sie je ernsthaft als Faktor für dessen Zerfall in Betracht zu ziehen. Eine Ausnahme machte man nur für die baltischen Staaten, die ein halbes Jahrhundert geduldig auf die Aufhebung der Annexion durch Stalin warteten, so wie jetzt die Krymtataren darauf warten. Die Unabhängigkeit der Ukraine traf westliche Politiker wie ein Blitz aus heiterem Himmel – 23 Tage vor ihrer Ausrufung mahnte George Bush sen. mit der gleichen autoritären Strenge wie Margaret Thatcher ein Jahr vor ihm in einer Rede im Parlament der noch sowjetischen Ukraine in Kyjiw, dass wir die Freiheit nur im Fahrwasser eines künftigen erneuerten Russlands erreichen könnten, und bloß nicht, Gott bewahre, auch nur im geringsten von diesem Flaggschiff der Demokratie weichen dürften, um nicht in »lokale Despotie« zu verfallen (später wurde dieses Meisterwerk politischer Idiotie als »Kyiv-Chicken-Speech« bezeichnet – meiner Meinung nach ist das ziemlich unfair, denn ein »Hühnchen Kyjiw« ist im Gegensatz zu Bushs Rede ein schmackhaftes und nahrhaftes Gericht und nicht jedes Restaurant kann es wirklich gut zubereiten).

Dem westlichen Denken, das – selbst wenn es imperialistisch ist – an Dialog und Meinungspluralismus gewöhnt ist, kann man zugutehalten, dass es seinen Eliten ermöglichte, den Zusammenbruch der UdSSR zu tolerieren: Wenn nun laut weit verbreitetem Konsens schon einmal ein solches Unglück passiert war, dass »die ehemalige Sowjetrepublik« (wie man uns noch immer und nicht selten nennt – ohne zu verstehen, welch unglaubliche Geringschätzung unserer Geschichte und politischen Traditionen das ist!) den »neuen Unionsvertrag« nicht unterzeichnen wollte und selbst der sogenannten GUS, die man sich hastig ausdachte, um die UdSSR zu ersetzen, nicht beitreten will – egal, wenn es das Kind glücklich macht – auch gut, nur die Atomwaffen soll es den erwachsenen Onkels abgeben, wenn es nicht möchte, dass die erwachsenen Onkels ihm mit dem Finger drohen: Du-du-du! … Andererseits, in den Köpfen der Eliten Russlands (die sich schnell-

schnell zum Rechtsnachfolger der UdSSR erklärten, und niemand konkurrierte mit ihnen oder schlug vor, das gemeinsame Erbe zu teilen, damit es keinen erhobenen Zeigefinger gäbe …) war und ist der Zusammenbruch der UdSSR ein zufälliger Exzess, ein ärgerlicher Ausrutscher bei der Machtumverteilung, der zwar nicht heute oder morgen, jedoch sobald man die Hände frei hat, zu korrigieren sein wird.

(Ein weiteres Insider-Detail für zukünftige Detektive der Geschichte: Einer der sowjetischen Dissidenten, Leonid Borodin, erinnerte sich, wie er 1992 seinen ehemaligen Ermittler traf und ihn mit dem Recht des Siegers (wie russische Dissidenten sich damals gedacht hatten) ironisch anredete: Na, was sagen Sie dazu, dass Sie Ihre Union nicht retteten, sondern vielmehr zerstörten? – Worauf er die selbstbewusste Antwort hörte: Machen Sie sich keine Sorgen, Leonid Iwanowitsch, wie wir sie zerstört haben, werden wir sie wieder aufbauen! … Der KGBler prahlte nicht, denn das war der eigentliche Plan, den die Massen noch nicht kennen sollten – geäußert mit der für diese Kaste typischen Überheblichkeit des Eingeweihten.)

Natürlich musste der KGB (diesmal umbenannt in FSB/GRU) zuerst die Macht in Russland selbst ergreifen – was er durch den Verfassungsputsch von 1993 erledigte: brutal und demonstrativ, mit Schüssen im Parlament, woran die russische Demokratie starb, ohne überhaupt geboren worden zu sein, und der »blutverschmierte« Jelzin wurde genau zu der Art dressiertem Bären, zu dem auch Janukowitsch 2014 hätte werden sollen, wenn es ihm denn gelungen wäre, den Maidan auseinanderzujagen … Und dies, obwohl der Prozess der Entkolonialisierung bereits auf dem Territorium der Russischen Föderation selbst vor sich ging (Tatarstan stimmte für die Unabhängigkeit, Tschetschenien begann sich mit Waffen zu verteidigen und Moskau verlor den ersten Tschetschenienkrieg …), trotz des Zusammenbruchs der Wirtschaft und der humanitären Katastrophe, aus der in den 1990ern der Westen Russland rettete, so wie er 20 Jahre später das von Russland zerbombte Syrien retten musste, und doch, wenn man genau hinsieht (aber wer hat damals genau hingesehen!), fanden sich stets Ressourcen, mit denen man sich mit der »Wiedergewinnung« des sogenannten »nahen Auslands« beschäftigen konnte. Es ist an der Zeit, es endlich zu erkennen, zu akzeptieren und in die Lehrbücher zu schreiben: In all den Jahren seit dem »Reset« von 1991 hat Moskau stetig und konsequent daran gearbeitet, das Imperium wiederherzustellen und seinen Kurs Richtung Weltherrschaft fortzusetzen.

(Die Karten von 1985, mit denen die russische Armee 2022 in die Ukraine einmarschierte und deshalb Wohnviertel beschoss, die auf dem Gelände ehemaliger Militäranlagen entstanden waren, und mit Panzern im weglosen Gelände steckenblieb, nur einen Kilometer von den neuen Autobahnen entfernt, sind die beste Illustration dieses völlig *monologischen* Denkens: Die grundsätzliche Weigerung, dem Anderen irgendeine Form von Subjektivität zuzugestehen, der kindische Glaube, das Andere höre auf, sich zu bewegen, wenn man nicht mit ihm spielt, das heißt, dass nach dem Zusammenbruch der UdSSR die Ukraine erstarrt sei und darauf warte, dass Russland, das kurzzeitig von wichtigeren Dingen abgelenkt war, nun komme, um sie abzuholen und mit ihr zu »spielen«).

Wahnsinn? Keinesfalls, es ist ein kulturelles Stereotyp, das niemand innerhalb der russischen Kultur jemals zu hinterfragen gewagt hat (der unaufgeklärte Imperialismus der russischen Literatur von Puschkin bis Brodsky, mit Ausnahmen, die man innerhalb von zwei Jahrhunderten an den Fingern einer Hand abzählen kann, ja, gerade damit beschäftigte sich die westliche Russistik, peinlich berührt nach der Pionierarbeit von Ewa M. Thompson[1] aus dem Jahr 2000, zwanzig Jahre lang lieber gar nicht mehr). Eine der Grundlagen der russischen Identität ist

1 Ewa M. Thompson: »Imperial Knowledge: Russian Literature and Colonialism«, Greenwood Press, 2000, S. 239.

der imperiale Komplex, »zur Größe verdammt zu sein«, vielfach naiv und archaisch interpretiert: als märchenhaftes »Vielland«, von dem man Tribute erheben kann (je mehr, desto besser, und innerhalb der Grenzen »Alles, was es auf der Welt gibt«). Der amerikanische Historiker Taras Hunczak rechnete aus, dass sich das Moskowiterreich vom 15. bis zum 20. Jahrhundert mit einer durchschnittlichen Geschwindigkeit von etwa 50 Meilen pro Jahr ausdehnte. Als es nun Ende des 20. Jahrhunderts beginnt, sich in die entgegengesetzte Richtung zu bewegen – zu schrumpfen, sich zusammenzuziehen (perspektivisch zurück zur Größe des historischen Moskau) –, da kann man sich schon vorstellen, dass das beim Durchschnittsrussen ein Gefühl chthonischen Grauens hervorruft, der sichtbar werdende Tod. Putin ist das Produkt dieses Grauens. Als er den Zusammenbruch der UdSSR zur »größten geopolitischen Katastrophe des Jahrhunderts« erklärte, sprach er aus, was die Bevölkerung seines Landes hören wollte. Die russischen Sonderdienste, die das Machtmonopol an sich rissen in der Absicht, es nun nie wieder aus der Hand zu geben, bedienten genau diesen chthonischen Schrecken. Sie verstärkten ihn noch, hielten sich wie Parasiten mit ihm am Leben …

Im Rückblick kann man sich an viele alarmierende Symptome erinnern, die in den 1990er Jahren nicht nur vom kollektiven Westen, sondern auch von uns in der Ukraine übersehen wurden. Zu dieser Zeit waren wir mit anderen Dingen beschäftigt – unser Heim herzurichten, das nach dreißig Jahren allmählich von einem durch die sowjetische Besatzung ruinierten und entstellten zu einem im Großen und Ganzen erfolgreichen und, ja, in gewisser Weise blühenden Land wurde (ganz offensichtlich, denn als die barfüßigen russischen »Befreier« kamen, um es jetzt auszuplündern, voller aufrichtigem Hass gegen uns, weil »in unseren Dörfern die Straßen besser asphaltiert sind als die zentralen Plätze in ihren Städten«[2] und in den Luftschutzkellern das Internet besser sei als in Moskau[3], heißt das, wir wurden tatsächlich von wichtigeren Dingen abgelenkt, sogar die Atomwaffen hatten wir gerne den »erwachsenen Onkels« auf ihr Ehrenwort hin abgegeben, damit sie uns in Ruhe ließen … Außerdem handelte Russland zunächst leichtsinnig nach der Berezowsky-Regel und »kaufte die Direktoren«. Als Kutschma und Lukaschenko 1994 die Präsidentschaftswahlen in zwei Russland benachbarten »ehemaligen Sowjetrepubliken«, der Ukraine und Belarus, gewannen, meldeten die Zeitungen in Moskau freudig,

2 Zitat aus einem Interview mit einem russischen Kriegsgefangenen.

3 Nachzulesen auf der Facebook-Seite der russischen Schriftstellerin Tatiana Tolstoi.

dass den »Bruderrepubliken« das Spiel mit dem Nationalismus bereits langweilig geworden sei und sie bald »heimkehren würden« (obwohl wir doch nirgendwo »hingegangen« waren, aber offensichtlich war das Gegenteil gemeint – dass die Russen mit den früheren Rechten der Kolonialverwaltung zu uns »heimkehren« würden, denn eine solche Übertragung und Sinnverschiebung ist im Allgemeinen eine typische Technik des Tschekisten-Diskurses: Wie Putin einmal scherzhaft feststellte, »wie man sich nennt, so heißt man«, für eine Person ohne besondere Ausbildung, aber auch wenn sie Chomsky oder Mearsheimer heißt, ist es also besser, die Reden russischer Führer nicht zu lesen, ein unvorbereiteter Verstand könnte daran zerbrechen). Aber egal, wie die schrägen Launen Moskaus gewesen sein mögen, die Regel, »den Direktor zu kaufen«, hat schon in den 1990er Jahren bei uns nicht funktioniert. Während Belarus unter der Führung Lukaschenkos in die Kolchosen »heimkehrte«, die Sowjetsymbolik erneuerte, die russische Sprache zur Staatssprache machte und Gazprom die Gaspipelines abtrat, setzte die Duma in Russland die Belowescher Vereinbarungen über die Auflösung der UdSSR außer Kraft und unterzeichnete mit Belarus ein Abkommen über eine »neue Unionsrepublik« – im selben Jahr, 1996, verabschiedete die Ukraine ihre Verfassung, führte die Landeswährung (Hrywnja) und neue Pässe ein.

Uns interessierte ihr postimperialer Komplex einfach nicht – wir lernten, so gut wir nur konnten, sorgten für unseren Unterhalt, überwanden die Wirtschaftskrise, gründeten eigene Unternehmen, eigneten uns tausende neuer sozialer Fähigkeiten an, und in dieser turbulenten, arbeitsintensiven und alles verschlingenden Realität rund um die Uhr sieben Tage die Woche ist uns etwas anderes nur ganz allmählich aufgefallen: wie uns unmerklich die Hebel der Kontrolle über unser eigenes Informationsfeld entzogen wurden.

Das heißt, der Beginn der Bezmenow-Phase der »Demoralisierung« – jene lang andauernde Phase, die durch Bildung, Massenmedien und Kirche realisiert wird und sich im Fall der Ukraine der Kürze halber als Re-Russifizierung bezeichnen lässt, so etwas wie ein wiederholter Schlaganfall – deckt sich mit den 1990er Jahren, und man bemerkte sie damals vor allem im jeweils eigenen Tätigkeitsfeld: Niemand machte sich ein umfassendes Bild. Buchhändler zum Beispiel (hier spreche ich über meinen Bereich!) beklagten die Expansion russischer Bücher: Während die Ukrainer ihren Markt »aus dem Nichts« aufbauen mussten und die ersten privaten Verlage gründeten, zeigte sich, dass im erfahrenen Moskau (wo zur Zeit der UdSSR eine »Agentur der Autorenrechte« gegründet wurde, in der seit den 1970er Jahren die Kontrolleure des KGB sitzen![4]) »Lit-Agenturen« entstanden, die flink im Westen die Übersetzungsrechte populärer Autoren »im gesamten Gebiet der ehemaligen UdSSR« erwarben und damit das Erscheinen ukrainischer Übersetzungen für lange Zeit blockierten, oder, noch schlimmer, dass ganze Regionen der Ukraine wie die Krym und der Donbas bereits 1997 von russischen Distributionsnetzen mit Monopolverträgen übernommen wurden, und in deren Buchhandlungsketten mussten die ukrainischen Verlage betteln, damit irgendwo »im untersten Regal« ihre Bücher platziert wurden – und so gingen die Chancen für ukrainische Massenliteratur, große Auflagen und damit einem eigenen ukrainischen Buchmarkt von vornherein gegen Null … Ähnliches passierte in der ukrainischen Musik, dem Film- und Showbusiness, kurz und gut in allen Branchen, wo man mit einem Massenpublikum rechnen konnte: Nachdem diese Unternehmen zu Beginn der Unabhängigkeit sowohl ihr Potenzial als auch ihre Nähe zum Volk und dessen Unterstützung bewiesen hatten, legten sie all das bald auf mysteriöse Weise ab – und das russische Produkt

4 Einer dieser Kontrolleure verfasste nach dem Zerfall der UdSSR äußerst interessante Memoiren, die dem Leser verdeutlichen, in wie vielen Bereichen Russland die Kultur als Soft Power nutzte; siehe Evgenij Grig: »Da, ja tam rabotal: Zapiski oficera KGB«, Olta-Press, 2001.

trat durch das von ihnen geöffnete Tor. Zu fordern, dass der nationale Produzent staatlich geschützt wird, lernten wir erst allmählich, und auch dafür gab es Gründe.
Im Gegensatz zu Russen oder Belarusen sind Ukrainer durchaus in der Lage, sich »horizontal«, unabhängig zu organisieren und auf der Ebene lokaler Gemeinschaften zu agieren, zu kommunizieren und flexible, effektive und vorübergehende oder dauerhafte Netzwerke zu schaffen, um komplexe Ziele zu erreichen – die Ukrainer haben der »Machtvertikale« nie vertraut. Ohne die Erfahrung eigener staatlicher Strukturen zu haben, doch dafür mit einer Reihe von Strategien, mit denen wir überleben und uns selbst helfen können unter der Herrschaft anderer, die uns nicht nur nicht wohlgesonnen sind, sondern oft geradezu auf unser Verderben aus sind (ihnen gehört die Macht, uns das Land, wie mir zu Hause beigebracht wurde!), waren wir auf der Hut, bis wir unseren lang ersehnten eigenen Staat erreichen würden – in dem, wie uns unser Nationaldichter Taras Schewtschenko vor 150 Jahren versprach, »unsere eigene Wahrheit und Stärke und unser eigener Wille« herrschen werde, hielten uns bedeckt, traumatisiert, wie aus dem Gefängnis entlassen, und nur mit minimalen Forderungen: damit man uns in Ruhe ließe und wir endlich unsere Angelegenheiten selbst regeln könnten … Was wir ohne politische und juristische Un-

terstützung des Staates erreichen konnten, war nicht viel, um diese Erfahrung zu gewinnen, brauchte es auch eine ganze Generation (gerade meine, die vom historischen Wirbelwind der 1990er Jahre emporgetragen und mitgerissen wurde), denn an sowjetischen Universitäten wurde das nicht gelehrt. Doch zu einer Zeit, als wir langsam verstanden, wie Demokratie funktioniert (einer unserer »Väter der Nation«, der Historiker Wolodymyr Antonowytsch, betonte bereits im 19. Jahrhundert, dass Demokratie nur in Gesellschaften auf hohem kulturellem Niveau funktioniert. Wer würde es heute wagen, ihm zu widersprechen?!), und deshalb bei der nächsten Wahl (chronologisch war es die Wahl 2004!) unseren »Gesellschaftsvertrag« auf neue Grundlagen stellten, waren allerdings durch die postmoderne Diktatur in unmittelbarer Nachbarschaft bereits »Fallen erhöhter Komplexität« für uns aufgestellt worden, Fallen, mit denen die Menschheit, ohne zu übertreiben, noch nie konfrontiert worden war: schon allein deshalb, weil weder Stalin noch Hitler TV-Sender, geschweige denn Internet hatten.

Die zur Jahrtausendwende bombastisch verkündete Medienreform als besondere »Errungenschaft der Demokratie«, ihre Deregulierung und Privatisierung, führte in wenigen Jahren dazu, dass in der Ukraine de facto jene Presse und jenes Fernsehen verschwanden, aus denen man über sein eigenes Land und die Welt informiert wurde (mehrere TV-Sender, mit einer Abdeckung von über 30 %, gehörten laut Gerüchten den vier größten Oligarchen, und diese rekrutierten russische Redakteure und Moderatoren, und überhaupt zogen Russen seit Anfang der 2000er Jahre – seit in Russland Jelzin durch Putin ersetzt wurde – von Moskau in ganzen Karawanen nach Kyjiw, um dort zu arbeiten: Wieder, wie in der UdSSR, wechselten unsere Massenmedien zum Russischen, und der Slogan des »gemeinsamen Kulturraums« wurde immer hör- und sichtbarer, mit russischen Serien zu Ehren von Bullen und Tschekisten und vulgären Unterhaltungsshows Moskauer Provenienz). Es fand eine Art »Föderalisierung« der Massenmedien statt: Jede Region hatte eigene Nachrichten, eigene lokale Fernseh- und Radiosender, und wenn man seine Region nicht verließ (beispielsweise reiste im Donbas im Jahr 2004 nur 7 % der Bevölkerung!), dann war es ziemlich schwierig, eine Vorstellung davon zu haben, in welchem Land man lebte und wie es diesem Land geht, selbst mit der Verbreitung des Internets … Als Person, die seit 1996 (seit den »Feldstudien über ukrainischen Sex«) eine öffentliche Person war, hatte ich eine gewisse Medienerfahrung, und ich sah, wie von Jahr zu Jahr in unserem Infofeld die Nachrichten durch eine russische Agenda ersetzt wurden: wie man den Ukrainern, vereinfacht gesagt, das Mikrofon aus der Hand nahm. Und wie sich dann 2004 herausstellte, ging es nicht nur um die Dominanz auf dem Buch-, Film- oder Popmusikmarkt. Das okkupierte Infofeld wurde einfach mit Fälschungen und Fakes gefüttert, zielsicher nach der Info-Föderalisierung bereits den nächsten Schritt einleitend: nämlich die reale »Föderalisierung« – die Teilung der Ukraine.

Im Jahr 2004 wurde dieses Skript zum ersten Mal hervorgeholt. Das Märchen, laut dem die Ukraine unversöhnlich in einen »östlichen« und »westlichen«, »pro-russischen« und »pro-europäischen« Teil gespalten sei (und wo ist dann die ukrainische Ukraine?), laut dem die Ukrainer angeblich auch verschiedene Sprachen sprechen und eine je unterschiedliche Geschichte haben (Spoiler: stimmt nicht!) und sie einander überhaupt heftig hassen, da sie künstlich in einem Staat zusammengefasst wurden, weshalb man nur darauf zu warten braucht, dass ein Bürgerkrieg unter ihnen ausbrechen wird – dieses Märchen wurde Ende der 1990er Jahre erstmals ins ukrainische Infofeld eingespeist. Um die Jahrhundertwende hörte ich es bereits in einer ausführlichen theoretisch unterlegten Präsentation (mit Bezug auf Huntington, Clash of Cultures und das Gespinst um das westliche und östliche Christentum, das mich zutiefst empörte, weil es schon nicht mit normalen Fäden gewebt war, sondern mit so groben Stricken geknüpft, dass selbst ein Blinder sie sehen musste!), von einem Moskauer Intellektuellen, der Ukrainisch las und in der Moskauer Presse ziemlich interessante Kritiken über mich veröffentlichte – und sich 2004 unerwartet als Putins Berater entpuppte (sic!). In der Zeit der Orangen Revolution wurden die von Moskauer Polittechnologen angefertigten »Karten der Teilung der Ukraine« veröffentlicht, die Ukrainer empörten sich reichlich darüber, feierten ihren Sieg im Kampf um die Demokratie und waren voller Euphorie, gingen dann auseinander, doch das Informationsfeld gab man uns nicht zurück, und die folgenden zehn Jahre, bis einschließlich 2014, wurde weiter auf allen Kanälen des Äthers wie ein Waldbrand der Mythos der »geteilten Ukraine« entfacht …

Er verbreitete sich über die Grenzen der Ukraine hinaus (und wie!), bereitete das sogenannte Denken der Weltöffentlichkeit schön langsam darauf vor, dass in unmittelbarer Nachbarschaft der EU ein bedrohliches »weißes Somalia« heranreife, um das sich Russland im Interesse der internationalen Sicherheit offensichtlich kümmern müsse. Es war nicht ganz einfach, der Öffentlichkeit diesen Floh ins Ohr zu setzen, nachdem die ganze Welt unsere unglaublich coole Orange Revolution bewundert hatte, wo selbst in zwei Monaten intensiver Massendemonstrationen kein einziges Fenster eingeschlagen wurde und sogar die

Kriminalität in der Stadt um das Zehnfache sank – doch wie 2014 aus der Reaktion der Weltgemeinschaft auf die sogenannte ukrainische Krise deutlich wurde, hatte Russland diese Aufgabe bewältigt. Und das nicht nur mit Hilfe von Russia Today, The Independent oder anderen direkt vom FSB (oder russischen Oligarchen, was dasselbe ist) finanzierten Medien (ich möchte mir gar nicht vorstellen, wieviel eine solche »Spezialoperation« umgerechnet kostet – vor dem Hintergrund all der unbefestigten Straßen und nicht ans Gasnetz angeschlossenen Städte Russlands!).

Man muss schon zugeben, dass dieser Teilungsmythos unter Einhaltung aller Prinzipien der Militärpropaganda im Großen und Ganzen erfolgreich konstruiert wurde: Notwendigerweise muss es ein Körnchen Wahrheit geben, das mit Lügen in unterschiedlichen Anteilen vermischt und auf verschiedene Zielgruppen unterschiedlich ausgerichtet ist. Das Körnchen Wahrheit besteht darin, dass die Ukraine für einen beträchtlichen Teil der Neuzeit – genauer gesagt ab 1764, seit der Annexion unseres Hetman-Staates durch Katharina II. – tatsächlich zwischen zwei Imperien aufgeteilt war, dem russischen und dem österreichisch-ungarischen, und das Trauma dieser Teilung (und die Erinnerung an den Ersten Weltkrieg als Tragödie eines wirklichen Bruderkrieges, in dem sich Ukrainer mit den gleichen Schewtschenko-Gedichten in der Brusttasche und den gleichen Liedern in den Schützengräben auf verschiedenen Seiten der Front und in den Uniformen feindlicher Armeen wiederfanden!) ist wirklich tief in die ukrainische Kultur und das kollektive Unbewusste eingesunken. Jedes Jahr am 22. Januar wird der Sobornost-Tag, der Tag der Einheit, gefeiert, in Erinnerung an die feierliche Wiedervereinigung des ehemals geteilten Landes zu einer einheitlichen Ukrainischen Volksrepublik am 22. Januar 1919, mit einer Militärparade auf dem Sofien-Platz in Kyjiw (in der Pariser Friedenskonferenz von 1919 haben uns die »erwachsenen Onkels« mit leichter Hand aus der Liste der Hegelschen »historischen Völker« gestrichen, wodurch für die nächsten einhundert Jahre die Weltgeschichte verpfuscht wurde ...), aber wir haben unsere Feier der Einigkeit durch das ganze Jahrhundert getragen und 1990 bildeten wir an diesem Tag entlang der Straßen zwischen Kyjiw und Lwiw eine Menschenkette von 600 Kilometern Länge.

Diese Einheit wie in einem Computerspiel wieder auf null zurückzusetzen – in den Zustand vor 1919, zurück zum Ersten Weltkrieg und den »Ukrainern auf verschiedenen Seiten der Barrikaden« –, war selbstverständlich ein völlig unrealistisches Projekt, wenn man die Sache aus der Sicht des gesunden Menschenverstandes betrachtet. Aber der Kreml nahm es sehr ernst. Aus dem ukrainischen Politikum wurden für jeden der künftig separaten Teile eigene »Direktoren«, die sich kaufen ließen, ausgesucht: Der »pro-russische Osten« wurde durch Viktor Janukowitsch repräsentiert, der »pro-europäische Westen« durch Julija Tymoschenko. Der heftige Wettbewerb beider um die Präsidentschaft schlug das gesamte politische Leben in der Ukraine in seinen Bann, und nach dem Bild im Infofeld zu urteilen, schien es, als hätte die ukrainische Zivilgesellschaft, die sich bei der Orangen Revolution so glänzend gezeigt hatte, ihren Kopf verloren. Der zunehmend hysterische, psychotische Charakter dieses Kampfes zweier gleichartiger Konkurrenten, der für Jahre den ukrainischen Äther erfüllte, konnte aus der Sicht eines außenstehenden Beobachters wirklich den Eindruck erwecken, dass sich »Ost« und »West« der Ukraine leidenschaftlich hassen und im Rücken der beiden Marionetten ein millionenschweres Heer von Wählern an den Zügeln zerrt und schon mit den Hufen scharrt, bereit, beim ersten Zeichen seines Anführers/seiner Anführerin auf den Gegner loszustürmen und auf Leben und Tod zu kämpfen. Und obwohl dies in Wirklichkeit wiederum nicht so war, ermüdete eine solche lang anhaltende Reizlage das Land allmählich, und es konnte auch nicht anders, als zu ermüden.

So war bereits Mitte der 2000er Jahre deutlich sichtbar, dass es sich um eine ganze Industrie »induzierten Wahn-

sinns« handelte – um den Versuch, mit Hilfe der Medien das ganze Land, wie in einem psychotischen Wahn, in eine eigens konstruierte virtuelle Realität mit vorgegebenem militärisch-strategischem Ziel zu tauchen. Orwell würde weinen: Seine »Fünf Minuten Hass« sind im Vergleich zu dieser »psychologischen Massengewalt«, deren Technologie Moskau zu Recht als seine Hauptwaffe betrachten kann, nichts als ein Kindergarten auf einem Nachmittagsspaziergang. (Deshalb wunderte ich mich übrigens im Gegensatz zu westlichen Experten überhaupt nicht über die erbärmliche Ausrüstung und Logistik der russischen Armee im Jahr 2022: Ich möchte daran erinnern, dass es nicht nur um das sagenhafte Ausmaß der russischen Korruption geht, sondern all das Fleisch in Eisen hat nur eine Hilfsfunktion zu spielen in jenen tschekistischen »Kriegen neuen Typs«, für die 2009 die russische Verteidigung reformiert wurde, und wie die aufgebrachte Mutter eines russischen Soldaten entgegnete, als sich der Sohn aus der Ukraine bei ihr über den Beschuss durch die ukrainischen Streitkräfte beschwerte: »Ihr wurdet doch nur zur Säuberung geschickt und nicht in den Krieg!«)
Ich erinnere mich gut, wie es sich anfühlt, wenn das eigene Land zum Objekt eines solchen Experiments gemacht wird, wenn es emotional in jeder Hinsicht und in allen »Informationsblasen«, von der Trollarmee im Internet bis

zum Werbeplakat an der Ecke, gegrillt wird – um den in jeder menschlichen Gesellschaft schlummernden Virus latenter Aggression zu wecken und zu versuchen, diese in die erwünschte Richtung zu »kanalisieren«, »auf den Feind zu richten«. Es ist nicht schwer zu erraten, dass die Massenmedien zur gleichen Zeit im benachbarten Russland ebenso »arbeiteten«, nur dass dort die Aggression ihr Ventil nach außen haben sollte (und 2014 das gesamte russische, potenziell widerständige Element, alle aufrichtigen »Dissidenten« und »Anti-Putinisten« begeistert zu uns in den Donbas eilten, um die Chochol anzupissen!), während es in der Ukraine innerhalb des Landes kanalisiert werden sollte (Donbas gegen Galizien). Doch die Ukraine widersetzte sich dem und wollte niemanden anpissen – daher das ständig beklemmende Gefühl der Gewalt, als ob man zum Komplizen eines Verbrechens gemacht wird, das man nicht verhindern kann …

Zum Export taugte diese Technologie jedoch perfekt. In Europa überlagerte der Mythos der »geteilten Ukraine« bis 2014 alle anderen Kenntnisse über das Land (von denen es auch nicht viele gab!), und in verschiedenen Ländern traf er auf je eigene Weise auf fruchtbaren Boden, kombiniert mit lokalen thematischen Triggern – und hatte stets den gewünschten Effekt. Deutschland zum Beispiel schluckte den Wurm der Ost-West-Opposition wie ein Fisch, das kam Deutschland ja auch bekannt und verständlich vor, und so begannen deutsche Institutionen, uns bei jeder Gelegenheit in den ukrainischsprachigen Westen und den russischsprachigen Osten zu spalten – und sich etwa bei literarischen Veranstaltungen insbesondere um eine gleichberechtigte Vertretung von westukrainisch-ukrainischsprachigen und ostukrainisch-russischsprachigen Schriftstellern zu kümmern, wobei man dann immer wieder überrascht war, dass der ukrainischsprachige Zhadan aus Charkiw, dem Osten, kommt und ich, nicht weniger ukrainisch sprechend, aus Kyjiw, und man uns offensichtlich verdächtigte, dass wir dort still und heimlich die Russischsprecher diskriminieren, da wir sie der deutschen Meinung nach nicht in angemessener Quantität und Qualität präsentieren ... Man konnte sich heiser reden und erklären, dass in einem Land, in dem fast zwei Drittel der Bevölkerung Ukrainisch als ihre Muttersprache angeben und mehr als zwei Drittel der regelmäßig erscheinenden Medien andererseits auf Russisch sind, es die ukrainischsprachige Mehrheit ist, die diskriminiert wird[5]

5 Konkrete Zahlen mit Jahresangaben siehe im Beitrag von Anton Sančenko: »Knyžkovyj rynok z pohljadu medij« (»Der Buchmarkt aus Mediensicht«): http://litakcent.com/2013/11/01/knyzhkovyj-rynok-pohljadu-medij/?fbclid=IwAR1UNiGuomwupw_Y3rB-40dbbtuRn1oIs6MwQrBhmuX1jPvHBoGn71YqQmiM.

– doch ist ein solcher Mythos einmal in die Köpfe gepflanzt, reagiert niemand auf Zahlen, der Mythos gründet auf anderen Denkstrukturen … Im Prinzip kann ich auch verstehen (ein Schriftsteller muss schließlich versuchen, jeden zu verstehen, über den er schreibt!), wie es auf dem Bukarest-Gipfel im Jahr 2008 zuging, als die westlichen Staatslenker Putin unmissverständlich wissen ließen, dass er sich die Ukraine und Georgien einverleiben könne: Das ist analog das Gleiche wie die Markierung Polens 1940 auf sowjetischen Karten als »Zone deutscher Interessen«, und so sind Ukraine und Georgien heute die stillschweigend anerkannten »Zonen russischer Interessen« (»Russlands Hinterhof«, wie amerikanische Professoren bereits schamlos schreiben). Solche Lösungen kauft man nicht nur mit Petrodollars; geistig gesunde Menschen, selbst wenn es Gauner sind, verteilen noch immer sehr ungern Lizenzen für Massenerschießungen – sie brauchen eine Entschuldigung, ein verlässliches Arbeitskonzept, das sie glauben lässt, nichts falsch zu machen, sie im Gegenteil bestätigt, richtig zu handeln.

2008 sollte als Jahr des Umbruchs in die Geschichte eingehen. Und zwar nicht nur wegen des gleichzeitigen Bankrotts der Lehman Brothers und des russischen Überfalls auf Georgien, womit eigentlich zum ersten Mal gegen das System der internationalen Sicherheit »nach Jalta« verstoßen wurde – bei gleichzeitiger Untätigkeit aller Institutionen dieses ganzen Sicherheitssystems. In diesem Jahr trat der »Sabotagekrieg« des Kreml gegen die Ukraine in seine zweite Phase – nach Bezmenow begann die »Destabilisierung«, und alle Ereignisse beschleunigten sich. Die plötzliche Finanzkrise des Winters 2008/2009, Tymoschenkos verbrecherischer »Gasvertrag« mit Putin, der für die ukrainische Wirtschaft fatal war, der Sieg von Janukowitsch bei der Präsidentschaftswahl, der dann sofort die Aufenthaltsdauer der russischen Schwarzmeerflotte auf der Krym bis 2042 verlängerte (damals wurde das Schicksal der Krym entschieden, denn Russland begann sofort, immer mehr Truppen dorthin zu schicken, wie nach Belarus im Jahr 2021!), und der rasche Zusammenbruch der ukrainischen Armee und das krebsartige Geschwür der Polizei, die blühende Korruption, »wie vor dem Tod«, scherzten die Ukrainer finster, und die dreiste, unverhohlene Russifizierung fast der Hälfte der Ukraine, des sogenannten Südostens, in dem 2012 das Russische zur offiziellen Sprache erklärt wurde und alles Ukrainischsprachige sofort, wie jetzt unter der russischen Besatzung, eliminiert wurde oder wenigstens aus dem Blickfeld verschwinden musste – von Straßenschildern bis zu Büchern in Buchhandlungen (von dort mussten die Leser bereits 2013 für meinen Roman »Museum der vergessenen Geheimnisse« bis nach

Kyjiw fahren, denn in Luhansk oder Donezk gab es nur eine russische Übersetzung dieses in Petersburg erschienenen Romans) – im Allgemeinen konnten die Ukrainer zu dieser Zeit ihr Land als Ganzes nur noch in der Wettervorhersage sehen, und es schien, als würde es nur durch das Icon der Wettervorhersage zusammen mit Flagge und Nationalhymne zusammengehalten …
2008 bis 2013 – genau fünf Jahre, alles genau nach Bezmenow. Es blieb nur noch, eine »Krise« hervorzurufen, mehr oder weniger überzeugend für die Weltgemeinschaft einen »Bürgerkrieg in der Ukraine« zu inszenieren und dann unter internationalem Gequake »tiefer Besorgnis« und dann erleichtertem Applaus »Friedenstruppen« zu schicken und »die ukrainische Frage endgültig zu lösen«. (Man kann sich gut vorstellen, wie Putin das schon damals beschäftigt haben muss – und wie er bedauert haben muss, dass er 2004 noch Angst hatte und nicht auf Anraten seines Polittechnologen Gleb Pawlowsky, »der [orangen] Revolution eins in die Fresse gegeben hatte!« …)
Diesmal war alles sorgfältig vorbereitet für die blutige Demontage des Landes, von dessen »Wertlosigkeit« (Künstlichkeit, Zufälligkeit und Nutzlosigkeit) Russland die Welt zwanzig Jahre lang überzeugt hat – und das nicht nur während der Gipfeltreffen in den Hinterzimmern aus Putins Mund (ein weiteres Dissertationsthema für die westliche

Russistik könnte die Entwicklung des Bildes eines Ukrainers in der russischen Kultur sein, der ab Ende der 1990er Jahre in der männlichen Version die Entwicklung ›Nazi – Polizist – Mafioso‹ und in der weiblichen ›Prostituierte – Hausangestellte – Mörderin‹ durchlief, alles war klar und deutlich zu erkennen, nichts wurde versteckt, warum hat niemand im Westen hingesehen?). Sogar Einpersonenpackungen für die sogenannten russischen Friedenstruppen wurden im großen Maßstab hergestellt: Im Februar 2022 brachten die Russen sie in die Ukraine mit – hergestellt 2014 mit einem Haltbarkeitsdatum von einem Jahr, also bereits sieben Jahre abgelaufen, aber noch immer auf Lager, wo sie all die acht Jahre auf ihren Einsatz gewartet haben, denn das Gute soll ja nicht verkommen …

Wie unerträglich beleidigend muss es sein, wenn man alles so gemacht hat, wie es einem beigebracht wurde, und jetzt drückt man den Knopf, der die Weltkarte rotieren lassen soll – und er klemmt!

3. Das Wunder am Dnipro

Ich weiß, dass man den Spannungsbogen nicht so lange hochhalten kann. Der Leser ist wahrscheinlich schon ermüdet von all den Details dieser gut dreißigjährigen Geschichte und wartet voller Ungeduld darauf, dass endlich der überraschende Akteur auftritt – deus ex machina, der »schwarze Schwan«, der das Drama von 2014 in ein unerwartetes Happy End dreht. Der Haken ist jedoch, es ist bisher niemandem gelungen, den Moment des Auftritts dieses Akteurs zu fixieren. Und auch das Happy End hat nicht so ganz geklappt: Das »zutiefst besorgte« internationale Publikum zerstreute sich vorzeitig (unmittelbar nach der Unterzeichnung des Minsker Abkommens), ohne zu argwöhnen, dass das nicht der ganze Film war, sondern nur eine lose Folge in einer Serie …

Es ist mir immer noch ein Rätsel, wie die Bevölkerung der Städte der Süd- und Ostukraine in diesem Frühjahr – nach mehreren Generationen massiver, bereits zaristischer und dann stalinistischer und schließlich von Breschnew initiierter Russifizierung, und letztlich auch in der formell unabhängigen Ukraine, also nach fünfzehn Jahren weiterer Russifizierung oder, laut Bezmenow, »Demoralisierung« – das Bewusstsein aufrecht halten konnte, Ukrainer zu sein – und zwar ein so starkes Bewusstsein, dass es sie zwang, bei der Bedrohung durch die russische Besatzung Steine aus dem Kopfsteinpflaster zu reißen und nach Knüppeln zu greifen. Es waren alles lokale Kriege, wie im Mittelalter, in jeder Stadt mit ihrer eigenen Geschichte – das gleiche

Szenario dirigierte nur die Angreifer, die Stadtbewohner wehrten sich überall auf unterschiedliche Weise dagegen, jede Stadt mobilisierte die eigene Geschichte, und nicht alle Geschichten wurden niedergeschrieben, was das beste Zeichen dafür ist, dass der Krieg andauert und man noch nicht über alles sprechen kann …

Selbst die umfassendste, mehr als einen Monat andauernde Chronik des Widerstands von Charkiw – mit Straßenschlachten, Aufmärschen von Fußball-Ultras, die weltweit als Erste »Scheiß-Putin!« skandierten, wie um einen bösen Geist zu vertreiben (und gerade Charkiw hätte nach dem Vorbild der Bolschewiken die Hauptstadt des zukünftigen »Neurussland« werden sollen: Auch die Bolschewiken konnten seinerzeit nicht die gesamte Ukraine auf einmal verschlingen, für fünfzehn Jahre machten sie die Grenzstadt Charkiw zur Hauptstadt der Ukrainischen SSR, und erst nach dem Holodomor wurde sie nach Kyjiw verlegt …), selbst diese Chronik hat noch ihre weißen Flecken. Zum Beispiel habe ich viele Male von Einwohnern Charkiws die Geschichte gehört, wie 2014 nach der Einnahme der dortigen Gebietsverwaltung durch eine Gruppe pro-russischer Aktivisten (wie sie offiziell genannt wurden: später stellte man fest, dass die Anführer aus Russland stammten) ein russisches Transportflugzeug um die Erlaubnis zur Notlandung auf dem Charkiwer Flughafen bat, genau wie damals

in Prag 1968. Es versuchte starrsinnig, trotz der Weigerung des Fluglotsen, zu landen, sodass die Flughafenmitarbeiter die Landebahn rasch mit Bussen verbarrikadierten und es wieder durchstarten musste – die Massenmedien erwähnen diese Geschichte nur selten, mit einer Zeile, wie also soll irgendein westlicher Analyst all dies einschätzen, der sogar noch im Jahr 2022 ohne zu erröten erklärt, dass Putin die Krym »spontan« erobert hat? … (Man braucht kein Militärexperte zu sein, um zu verstehen, warum die russische Armee ab dem 24. Februar gerade Charkiw so gnadenlos und heftig beschießt – da reicht es, die Tschekisten-Psychologie zu verstehen: Das ist Rache an der Stadt für ihre Nichtkapitulation im Jahr 2014 und aus der Sicht des Tschekisten Verrat an Russland: Wer nicht kapituliert, ist ein Verräter – eine solche Gedankenverdrehung findet sich bei Orwell nicht, aber der Tschekisten-Affront funktioniert genau so wie Polonius im »Hamlet« sagt: wenn es Wahnsinn ist, dann hat er seine eigene Logik.)
In den Städten des Südens, u. a. Cherson und Mykolajiw, wird erzählt, wie nicht etwa die Polizei, aber, wer hätte das gedacht, sich ein Teil der Kriminellen auf die Seite der Maidan-Aktivisten stellte, obwohl jene auf Anweisung von »jemandem« (von wem weiß man nicht) von der Polizei freigelassen wurden, um eigentlich auf die Maidan-Aktivisten loszugehen (Kriminelle einzusetzen, um politische

Gefangene oder Dissidenten zu terrorisieren, ist eine alte Tschekisten-Technologie aus dem Gulag, die wir erstmals als russische Spur bei den Angriffen auf den Maidan bemerkten). Die Geschichten über »patriotische Banditen« sind manchmal nicht weniger bewegend als jene von Maupassant über patriotische Prostituierte aus der Zeit des preußisch-französischen Krieges, aber wohlgemerkt: keiner jener Polizisten, die eine Menge aus dem Nähkästchen der sogenannten Rebellion der russischsprachigen Bevölkerung des Südostens ausplaudern hätten können, wurde in den letzten acht Jahren vor Gericht gestellt (es sollte genau die Version sein, die Russland aus all seinen Sprachrohren in die Welt posaunte, und die ich mir im Mai 2014, als russische Soldaten im Donbas bereits Jugendliche erschossen und Erwachsenen wegen einer ukrainischen Fahne den Bauch aufschnitten, in Berlin vom damaligen deutschen Außenminister Frank Walter Steinmeier anhören durfte … und versuchen durfte, ihn sozusagen ex cathedra davon zu überzeugen, wie sehr er sich irrte …). In Odessa wurden durch bewaffnete Strippenzieher blutige Zusammenstöße provoziert (die blutigsten von allen außer jenen in Kyjiw, und chronologisch die letzten, danach war endgültig klar, dass das Projekt »Novorossija« tatsächlich gescheitert war und es keine »Volksrepublik Odessa« geben würde, und deshalb fand auch kein siegreicher Marsch der russischen

Armee entlang der Autobahn Rostow–Odessa durch die Südukraine und weiter nach Moldau und auf den Balkan statt ...) und die Polizei ließ sie einfach abhauen, und mit ihnen verschwand (nach Russland, natürlich, wohin sonst) auch der örtliche Polizeichef – nun ja, nicht nur Großbritannien schluckte stillschweigend den russischen Terror gegen seine Bürger ... Es gab sicher zuweilen auch unblutige Siege, schöne und frohe, was natürlich viel weniger Medienaufmerksamkeit erregte: In Zaporischja bewarfen Frauen am Vorabend von Ostern die sogenannten pro-russischen Aktivisten mit jenen Eiern, die für die Zubereitung des Osterbrots bereit lagen (an Ostern backt jede ukrainische Hausfrau eine »Paska« – ein traditionelles Osterbrot aus süßem Weizenteig) und »neutralisierte« sie so fast schon wie in den alten Slapsticks von Buster Keaton: nach den Eiern flogen Mehlpakete in Richtung der sogenannten Pro-Russen (die Menge trieb sie rasch in den umliegenden Geschäften auf!), und die mit diesem Blitzteig verklebte subversive Gruppe musste sich unter Pfiffen und Gelächter der ganzen Stadt trollen, und danach den Schutz der russischen Armee anzufordern, wäre natürlich nur noch lächerlich gewesen ... (Übrigens ist dies ein schönes Beispiel dafür, wie ein verbrecherisches Szenario durch Transformation auf ein anderes Level – wie in einem Computerspiel – zunichte gemacht werden kann, aber leider glückte es nicht überall so!) Manchmal erwachten die lokalen Behörden erst nach mehrwöchigem Widerstand der Stadtbewohner aus ihrer komatösen Starre und erinnerten sich daran, dass sie schließlich die Exekutive sind und zum Beispiel der Polizei den Befehl geben können, die Besetzer aus dem Rathaus zu werfen (und sofort verstummten die Unruhen in der Stadt wie von Zauberhand!), entscheidend waren jedoch überall die Machtverhältnisse, die jede Stadt auf diesem historischen Territorium des Magdeburger Rechts repräsentierte (schließlich sind wir seit jeher ein Land der selbstverwalteten Städte!), und in welchem Ausmaß jede Stadt ihren eigenen Willen und die Fähigkeit zur Selbstorganisation bewies. Vereinfacht gesagt, wie sehr die Städter vermochten, den Umsturzversuchen »DIESE STADT HIER IST UKRAINE!« entgegenzuschreien.

So hat sich in einer Situation echter Gefahr das traditionelle ukrainische Misstrauen gegenüber dem Staat paradoxerweise zu unseren Gunsten ausgewirkt und sich als Stärke und nicht als Schwäche erwiesen: Ohne auf die Maßnahmen der Führung zu warten, war das ukrainische Volk im entscheidenden Moment in der Lage, die Initiative zur Verteidigung des Landes selbst zu ergreifen. Gleichzeitig mit dem zivilen Widerstand der Städte geschah ebenso »von unten« die Wiederbelebung der Armee.

Ich sehe es als einen kontinuierlichen Prozess. Anfangs

war das Militär fassungslos und demoralisiert durch den Verrat der Führungsoffiziere (ach ja, welch frustrierenden Eindruck hinterließ das Video mit dem Hissen der russischen Flagge in den Militäranlagen auf der Krym, und wie freuten wir uns andererseits über die Reaktion der Kadetten der Marineschule in Sewastopol auf den beschämenden Verrat ihrer Vorgesetzten, als sie sich demonstrativ auf den Treppenabsätzen des Lehrinstituts aufstellten und die Nationalhymne der Ukraine sangen!) – die ukrainische Armee kam in einzelnen Kampfeinheiten allmählich zur Besinnung, Offiziere, die aus eigener Verantwortung beschlossen, mit ihren Einheiten Widerstand zu leisten (unter meinen Lesern gibt es einen damaligen Major, der das ganze Frühjahr 2014 hinter Maschinengewehren verbracht hat!), doch die Hauptsache – das Allerwichtigste, was nicht nur der Kreml nicht voraussah, war die landesweite Unterstützung und mehr noch, die landesweite Beteiligung am Wiederaufbau der Armee. Aus der destabilisierten postsowjetischen Armee – miserabel finanziert, scheinbar in totaler Auflösung begriffen, in der Generäle mit sowjetischen Waffenarsenalen handelten und Soldaten nicht einmal im Traum daran dachten, gegen den Nachbarn kämpfen zu müssen (ja, was für bunte Werbespots kursierten 2013 im Internet über die ukrainisch-russische »Kampfgemeinschaft«, in denen ein ukrainisches Onkelchen fröhlich einen russischen Fallschirmjäger mit einem Maschinengewehr in sein Haus an den gedeckten Tisch rief …) – ist in diesem Frühling jedoch eine echte *Volksarmee* geworden – unbesiegbar, solange die Nation existiert, die sie hervorbrachte.

Eine mächtige Phalanx freiwilliger Soldaten (nachdem die Krym verloren gegangen war, meldeten sich die Leute oft direkt vom Maidan, um für den Donbas zu kämpfen!) wurde schnell auf die Beine gestellt (angezogen – beschuht – gefüttert – ausgerüstet …) durch eine Art Crowd Funding, ein dichtes Netz von freiwilligen Helfern entstand, eine Art Fortsetzung des Maidan im ganzen Land: Wenn jeder das macht, was er kann, kommt genau das heraus, was gebraucht wird (Großmütter weben Tarnnetze, junge Leute sammeln Bestellungen im Internet und packen Pakete für die Front, Autobesitzer transportieren sie an den russischen Checkpoints vorbei etc.), so wurde die Armee zu unserem gemeinsamen Kind, Marke »Kämpfernation«, die schlagartig alle ihre lebenswichtigen Fähigkeiten des historischen »Musketentrupps« wiedererlangte. Diese Zeile der Nationalhymne, in der wir vor 150 Jahren versprochen haben, dem Unbekannten zu »zeigen«, dass wir echte Brüder des Kosakengeschlechts sind, wurde wahr: Wir haben es bewiesen, es uns selbst gezeigt – wahrscheinlich für uns selbst die größte Überraschung.

Ich möchte das ausdrücklich betonen, denn wenn das Vorhandensein einer starken Zivilgesellschaft in der Ukraine bereits allgemein anerkannt ist und höchstens ein Faulpelz noch nicht darüber geschrieben hat, dann verhält es sich mit der Armee schwieriger – und je erfolgreicher die ukrainischen Streitkräfte die russische Offensive abwehren, desto mehr Leute sind bereit, sich als »Väter« des Erfolgs zu melden. Normalerweise heißt es, dass »die Armee von Poroschenko aufgebaut wurde«, und seine Verdienste auf diesem Gebiet sind wirklich unbestreitbar – aber im Juni 2014, als er Präsident wurde, waren die Kampfhandlungen im Donbas bereits in vollem Gange. Am 13. April missachtete auf eigene Verantwortung der Oberleutnant Wadym Sucharewskyi das Verbot des kleinmütigen Kyjiwer Oberkommandos, das Feuer zu eröffnen. Er setzte sich hinter das Steuer eines gepanzerten Transporters und nahm den Kampf mit einer Spezialeinheit des russischen FSB auf, die auf der Straße nach Slowjansk ein kaum gepanzertes Auto ukrainischer Sicherheitskräfte beschoss (die Russen zogen sich tatsächlich zurück!) – einige Stunden später kündigte die Übergangsregierung in Kyjiw die »Anti-Terror-Operation« an, und dieses Datum kann formal gesehen als Beginn des gegenwärtigen russisch-ukrainischen Krieges genommen werden, besser gesagt, als sein Übergang in die heiße Phase. Und genau so sollte es in die

Lehrbücher aufgenommen werden: Die Entscheidung der Ukraine, sich zu verteidigen, ist als Ergebnis praktizierter Demokratie »von unten« gekommen. Für die Führung des Landes war es allerdings ein Test für das politische Gespür: Wer nichts spürte, fiel aus dem politischen Prozess heraus.

Eben deshalb lasse ich – wie der Leser wahrscheinlich schon bemerkt hat – bewusst jene aus dieser Geschichte heraus, die die Medien in ihren Nachrichten als Akteure ersten Grades interpretieren: politische Führer, per Definition die sogenannten Decision Makers. Sicher waren sie wichtig, sehr wichtig. Aber das ist eine andere Geschichte. Jene, die ich erzählen möchte, gerät selten in den Blick, und hätte ich nicht die Erfahrung, persönlich an dieser großen sozialen Umwälzung beteiligt gewesen zu sein, hätte ich sie leicht übersehen – den Moment nicht wahrgenommen, in dem eine Entscheidung historischer Bedeutung getroffen wurde, und zwar auf ganz anderem Niveau als in parlamentarischen Debatten oder durch hinter den Kulissen geführte Verhandlungen: Es ist der Moment, dem das Wollen unzähliger Menschen auferlegt wird und jeder, ja, ausnahmslos jeder Einzelne mit seinem zusätzlichen Gewicht in der Lage ist, den Lauf der Geschichte zu verändern – sich in die Waagschale der Geschichte zu werfen und den Epochenwandel herbeizuführen …

(Was für ein schrecklicher Frühling war das – als die Welt, völlig ahnungslos, an einem seidenen Faden hing!)
Die Ukraine entschied sich *zu existieren*. Mit solchen Entscheidungen entstehen Armeen (nicht umgekehrt!). Und egal, wie der politische Führer eines solchen Landes heißt – Turtschynow oder Poroschenko oder Selenskyj oder irgendein anderer oder eine andere in der Zukunft –, er wird diese Entscheidung niemals rückgängig machen oder aufheben können: Es liegt nicht in seiner Macht. Nur ein Putin kann glauben, es reiche aus, den ungehorsamen Präsidenten durch einen gehorsamen zu ersetzen, und seine Helfershelfer suchen unter dem Gelächter der sozialen Netzwerke seit vier Monaten die »Führungszentrale der Freiwilligen« in der Ukraine, denn sie kapieren nicht, dass dies ein Oxymoron ist, dass eine solche »Zentrale« nicht existiert, weil die Stärke der Freiwilligenarbeit darin besteht, dass sie nicht an eine träge bürokratische Maschinerie gekettet ist, sondern ausschließlich auf der Grundlage gemeinsamer Solidarität steht (abends liest man auf der Facebook-Seite den Eintrag eines Bekannten, dass dessen Bekannte an der Front einen neuen Geländewagen brauchen: man überweist hundert oder zwei Euro an die angegebene Kontonummer, in der Nacht machen mehrere hundert Gleichgesinnte dasselbe, und hurra! – am Morgen ist die ganze Summe zusammen, der Geländewagen

gekauft, und schon fährt ihn ein anderer Freiwilliger an die Front, mit angehängter Fotodokumentation – was für eine »Zentrale« soll das in zehn Stunden auf die Beine stellen?). Ja, nennen wir es endlich beim Namen: Dies ist schon ein anderes Niveau zivilisatorischer Entwicklung.

Und wenn wir uns jetzt, nach acht Jahren Schwebezustand zwischen den Epochen, der inzwischen globale Maßstäbe annimmt, nicht als ganze Menschheit, als Spezies auf dieses andere Niveau erheben, sondern uns nach unten ziehen lassen, in den von Russland angebotenen vormodernen Absolutismus mit seiner postmodernen technologischen Entourage, die die schlimmsten Hollywood-Dystopien Wirklichkeit werden lassen, ist es vorbei.

Und leider nicht nur für uns als Spezies, sondern auch für den Planeten, den wir Erde nennen.

Aber das ist eine andere Geschichte …

Geschichte zwei – die dreihundertjährige Geschichte in der Vorahnung ihrer Vollendung

Am 25. Mai, am ersten Tag des vierten (lieber Gott, schon der vierte!) Monats der Invasion, führt das Polnische Theater in Warschau das Stück »Planet Wermut« auf, das von meinen Essays inspiriert ist – eben jenen, die mich am Tag vor Beginn der russischen Invasion auf die Reise schickten. Die Regisseurin, ebenfalls Ukrainerin, Svitlana Oleschko, verließ ihre Heimatstadt Charkiw, nachdem sie zwei Wochen in einem Keller unter Beschuss verbracht hatte, und auf der Bühne verkörpern die Schauspieler nun voll und ganz diese Erfahrung, die ich selbst nicht gemacht habe: Vor den Augen des Publikums richten sie sich einen gemütlichen Luftschutzbunker ein, breiten Schlafsäcke und Isomatten aus, packen ihre Notfallkoffer aus, schöpfen Wasser aus ihren Rucksäcken, setzen sich jeder irgendwo hin und lesen meine Texte laut vor, wie Nachrichten, von Handys und Tablets, die in der Dämmerung blinken. Nicht ausgeschlossen, dass sie gerade jemand genau so liest, in diesem Moment irgendwo in der Ukraine, es ist einfacher, einen Ebook-Reader mit in den Schutzraum zu nehmen als richtige Bücher – wenn es Strom gibt … Und ich sitze im Saal und weine, ich kann nicht aufhören: Ich weiß, dass mir Tränen in die Augen schießen und dann in Rinnsalen über meine Wangen laufen, wie aus einem kaputten Wasserhahn.

Es ist gut, dass ich weinen kann.

Ich weine, weil ich durch das Gewand der polnischen Sprache die Texte erkenne – so schrecklich und gnadenlos, als wären sie gerade in einem Luftschutzkeller geschrieben worden, nur dass sie vor sieben Jahren, Ende 2014, verfasst wurden.[6] Damals lag meine Mutter im Sterben, ein weiteres Opfer auf der Liste jener Kollateralschäden, die niemand zählt, denn wie soll man sie zählen, jene, die nicht durch Bomben und Kugeln, sondern, wie man sagt, von selbst sterben, weil sie den Belastungen des Krieges nicht standhalten, das betrifft in erster Linie die schwachen Glieder jeder Bevölkerung – die Alten und Kranken: Die Sterberate in der Abteilung für Neurologie stieg um das Sechsfache, beklagte der Arzt meiner Mutter (und in der Kardiologie sagte der Arzt das Gleiche), Schlaganfälle, Herzinfarkte, wieder aufgebro-

6 Es handelt sich hierbei um eine erweiterte Ausgabe des auf Ukrainisch 2011 und auf Deutsch 2012 erschienen Essaybands »Planet Wermut«.

chene alte Krebsgeschwüre, unter normalen Umständen würden die Menschen noch leben und meine Mutter auch, aber in jenem Herbst gab es Krieg, den zweiten in ihrem Leben, das halbe Land hat sich gewehrt, aber der Angreifer hat die Krym weggeschnappt und sich wie ein tollwütiger Hund im Donbas verbissen, es gab schwere Kämpfe, und hin und wieder schrieb ich etwas, was fast über meine Kräfte ging, mit zusammengebissenen Zähnen, und flog irgendwo hin, um aufzutreten, in der Hoffnung, dass dies etwas stoppen könne oder jemanden zur Vernunft bringen würde, und ließ meine Mutter, die von einem Schlaganfall bombardiert worden war, in den Händen von Verwandten und Betreuerinnen zurück (Mutter, ich war gekommen, um mich zu verabschieden, nahm ihre nicht vom Schlaganfall gelähmte Hand, sagte: »Ich fahre nach Wien, zu einer Konferenz, Catherine Ashton wird dort sein, erinnerst du dich, sie kam nach Kyjiw, als der Maidan auseinandergejagt werden sollte?« Und meine Mutter nickte, gestützt von den Kissen, mit einer langsamen, doch nachdrücklichen Geste, die zeigte, dass sie mit meiner Reise einverstanden war, sie konnte nicht mehr sprechen und streichelte dann meinen Kopf mit den streichholzdünnen Fingern ihrer nicht gelähmten Hand …).

Als man mir nach dem Stück wieder einmal sagte, ich sei

wie Kassandra und man sei von meiner Weitsicht überrascht, weinte ich nicht mehr. Ich schwieg einfach.

♦

Das ständige, bereits den vierten Monat anhaltende Gefühl eines Déjà-vu frustriert am meisten: Ich war schon hier, ich habe schon darüber geschrieben. All dies (mit Ausnahme der Bomben) *gab es bereits* 2014, als Russland seinen Krieg auf die Welt brachte. Nur damals war der Krieg noch klein, man konnte ihn ignorieren, wie ein fremdes Kind am Bahnhof: Im Vorbeigehen ließ sich nebenbei fragen: »Mädchen, zu wem gehörst du?« und bedauernd den Kopf schütteln, wenn jemand von der Seite rief: »Aber was – die Kleine gehört natürlich zur Ukraine, die gibt nie Ruhe!«, um ihr dann »tiefe Besorgnis« auszudrücken – und dann weiter die eigenen Angelegenheiten zu verfolgen, denn Leben ist Leben, und die Geschäfte erledigen sich nicht von selbst (auf dem Forum, wo ich im Programm direkt auf Lady Ashton folgte – ihr letzter Auftritt als Chefin der europäischen Sicherheit –, sprach sie nicht über die holländischen Kinder, die von einer russischen Rakete umgebracht worden waren und deren Überreste noch immer in der Steppe von Donezk verstreut sind, sondern über die Zusammenarbeit zum gegenseitigen Nutzen, die so schnell wie möglich wieder aufgenommen werden sollte, und überhaupt war die Grundstimmung der europäischen Eliten ungefähr so gelagert).

Doch in acht Jahren Krieg ist dieses kleine Es gewachsen – und jetzt versperrt der Krieg selbst denen den Weg, die sonst immer zu einer produktiven Zusammenarbeit bereit sind. Es sind immer noch Leute von vorgestern darunter, die ihn als kleines Es sehen, das man überreden kann, endlich zu verschwinden. Und überraschend wenige verstehen: Wenn man es weiter am Leben hält, wird es weiter wachsen, der Krieg sich weiter ausbreiten und neue und immer neue Gebiete erobern, weil es für diese Art von Krieg keine Grenzen gibt.

Im Ukrainischen gibt es einen schwer zu übersetzenden Begriff: poluda – so etwas wie Scheuklappen vor den Augen haben, oder auch etwas vorgespielt bekommen, was böse Kräfte in unseren Volksmärchen gerne machen, im Grunde könnte man sogar behaupten, dass unsere Märchen ein wunderbarer Leitfaden für Technologien der Informationskriegsführung wären. Meine Lieblingsgeschichte ist die vom Geiger auf der Teufelshochzeit: Der wurde von einem respektablen, gut gekleideten Herrn angeheuert, um die ganze Nacht bis zum Morgen für sattes Geld auf seinem Ball zu spielen, worauf der Musiker gerne einwilligte, doch als er sich in einer Pause zwischen den Tänzen zufällig die Augen mit Wasser aus einer nicht für ihn bestimmten Schale wusch, sah er, dass er sich nicht in einem lichterglänzenden Palast befand, sondern im undurchdringlichen Walddickicht, und die festlich gekleideten Damen und Herren, die zu seiner Musik herumwirbelten, waren in Wirklichkeit gehörnte und beschwänzte Waldgeister, und statt eines Golddukaten hatte man ihm überdies eine Scherbe untergeschoben.

Und so, nachdem ich es jahrelang beobachtet hatte, spielten und tanzten auch die westlichen Eliten auf dem Teufelsball des tschekistischen Russland (ich erinnere mich, wie entsetzt ein deutscher Interviewer war, als ich ihm sagte, dass ein KGB-Offizier an der Spitze Russlands das Gleiche sei wie ein Gestapo-Offizier an der Spitze Deutschlands: »Was«, fragte er mich verwundert, »das soll ich schreiben?« Er hat es nicht geschrieben, ich habe es dann in der Druckausgabe gesehen …) – ich werde einfach das Gefühl nicht los, dass – außer der historischen Kurzsichtigkeit, die wir auch aus früheren Kriegen kennen – man die Fratze des neuen Nazismus (»Raschismus«, wie es, abgeleitet von *russischem Faschismus*, in der Ukraine heißt) des russischen Regimes nicht erkannte und die westlichen Eliten die Geburt des Krieges verpassten wegen der russischen Scheuklappen vor ihren Augen, die seit

Generationen konsequent im westlichen Bildungssystem reproduziert werden.

Ich werde es an einem Beispiel erklären. In den letzten zwanzig Jahren habe ich nun schon zum dritten Mal (sic!) erlebt, wie der Westen die Ukraine »entdeckt«: 2004 nach der Orangen Revolution, 2014 nach dem Maidan und 2022 nach dem 24. Februar, als die Ukraine zum dritten Mal in diesem Jahrhundert die Pläne des Kreml, sie völlig zu unterwerfen, durchkreuzte (oder wie mir ein europäischer Slawist naiv sagte: »Wer hätte gedacht, dass es so kommen würde, alle dachten, in drei Tagen wäre es vorbei!«). Zum dritten Mal in einer Generation spielt sich das gleiche Drama ab. Hin zu einem eskalierenden und schließlich zum größten Krieg in Europa seit 1945, und jedes Mal staunen die westlichen Experten unermüdlich und äußern stets in fast den gleichen Worten, wie es bei Menschen mit einer Störung des Kurzzeitgedächtnisses vorkommt: »Schau, schau, wer hätte das gedacht – die Ukrainer sind eine erwachsene Nation! Sie haben eine Zivilgesellschaft! Sie sind bereit, für ihre Freiheit zu kämpfen! Schaut nur, wie sie kämpfen! Ah, einfach unglaublich, sie gewinnen!« – und noch bevor die Euphorie dieser Entdeckung nachlässt, fokussieren sich alle Expertenmeinungen gebündelt wieder auf Moskau und ein Platzregen munterer Prognosen prasselt herab: »Da die Ukrainer erfolgreich waren, bedeutet dies, dass es auch die Russen bald schaffen werden«(!). Dass es sich dabei um einen Denkfehler handeln könnte, hatte 2004 oder 2014 wohl niemand vermutet. Es zeigte sich, dass wir mit unserem Freiheitskampf (und auch er findet sich in einer Zeile der ukrainischen Nationalhymne: Seele und Körper opfern wir für unsere Freiheit – solche Worte werden nicht einfach so von Millionen auf dem Maidan gesungen!) der Welt eigentlich nicht die Bedrohung des wachsenden russischen Nationalsozialismus deutlich vor Augen führen sollten, dass er im Gegenteil dazu beitrug, den russischen Nationalismus als etwas Unbedeutendes und Unwesentliches zu ignorieren – da ja selbst die angeblich »kleine« Ukraine in der Lage ist, ihm zu widerstehen (nach welchen Maßstäben die Ukraine »klein« sein soll, ist nicht klar, doch in den Medien der Welt werden wir immer noch so bezeichnet – small nation). Noch in den ersten Wochen nach dem 24. Februar – bis die russischen Okkupanten aus Butscha und Irpin verjagt worden waren (bisher war es in keinem Krieg technisch möglich gewesen, einen Völkermord online zu verfolgen, die Menschheit hatte erstmals diese Chance!) – dachten dieselben Experten ganz ehrlich, dass es ein Ein-Mann-Krieg sei, die Laune eines Diktators, gegen den sich das russische Volk nun endlich erheben werde, und suchten intensiv nach Anzeichen wachsender Antikriegsproteste in Russland, mit der gleichen Energie, mit der sie zuvor Nawalny als einen Demokraten sehen wollten und sich offensichtlich nicht vorstellen konnten, dass man Putin nicht nur von »links«, sondern auch von »rechts« kritisieren könne. Das nenne ich Scheuklappen à la Russland. Im Prinzip verbirgt sich hier natürlich eine Art unbewusst *latenter Rassismus* (dass die weiße Hautfarbe dem Rassismus nicht im Wege steht, zeigte schon Edward Said am Beispiel von Engländern und Iren im 18. Jahrhundert, und im Russland des 21. Jahrhunderts werden Afrikaner und Kaukasier gleichermaßen »Schwarzärsche« genannt). Als Voraussetzung wird dabei angenommen (und es ist noch immer allen außer Putin peinlich, es laut zu sagen), dass Russland *wichtig* ist und die Ukraine *unwichtig*; das großartige und unbesiegbare Russland (Achtung Spoiler: stimmt nicht!), mit der zweitgrößten Armee der Welt (wir sehen sie jetzt gerade in Aktion …), der Marktführer auf den Weltenergiemärkten (sowie Börsen, Immobilienauktionen, Atlantik-Resorts, Yachtclubs, Casinos in Kalifornien und Monaco etc. – ergänzen Sie nach Belieben …), auf das die zivilisierte Welt also nicht verzichten kann, doch die Ukraine ist eingegraben in der Hirnrinde selbst gebildeter Europäer als »fast das Gleiche, nur kleiner und schwächer«, verwandte Völker, aus der Ferne praktisch nicht zu unterscheiden – warum sollten sie nicht im Einverständnis miteinander leben? Selbst in einem gemeinsamen Staat, wo ist das Problem? Sie würden gemeinsam für die Demokratie kämpfen, warum denn nicht?

Paradoxerweise war für viele sogar die Entdeckung unangenehm, dass die »unwichtige« Ukraine einer der wichtigsten Getreideexporteure der Welt ist und außerhalb ihrer Grenzen etwa 400 Millionen Menschen ernährt, also fast zehnmal mehr, als sie selbst »zählt« (schließlich ist sie eine der historisch ältesten Agrarzivilisationen, nicht zufällig binden unsere Soldaten in den verlassenen Dörfern zwischen Feuerpausen die von ihren Besitzern zurückgelassenen Tomatensträucher hoch, »damit sie nicht kaputt gehen«, und bewässern die Gärten, »weil es doch schade wäre«!), und dass die russische Besetzung des Chersoner Steppengebiets (von wo die Russen jetzt ganze Getreidespeicher stehlen, so wie sie Toiletten und Waschmaschinen aus den Dörfern nahe Kyjiw geklaut haben) in naher Zukunft mehrere Regionen der Welt mit einer Hungersnot bedroht – die Scheuklappen verschwinden einfach nicht. Der Westen scheint hier nicht den Zusammenprall zweier grundlegend unterschiedlicher Arten des Wirtschaftens zu erkennen – einerseits eine raubtierhafte Ausbeutung (sehr archaisch, im Wesentlichen vormodern) durch ein Ressourcenimperium (Eroberung eines Territoriums, dessen totale Ausbeutung bis zur buchstäblichen Verwüstung, und weiter zum nächsten …), und andererseits eine moderne Kultur im landwirtschaftlichen Grenzland, die um mehrere historische Epochen komplexer ist und sich humaner entwickelt hat – und daher wirtschaftlich effizienter ist. Keiner von diesen »In-drei-Tagen-ist-es-vorbei-Spezialisten« hatte darüber nachgedacht, ob Russland, nachdem es Kyjiw erobert und seine ungeteilte Herrschaft in der Ukraine errichtet hat, diese 400 Millionen Menschen so »unauffällig« ernähren würde wie die Ukraine, und ohne einen Gedanken daran zu verschwenden, dass Moskau schon einmal über diese Steppen geherrscht hatte, es ist gar nicht so lange her, im 20. Jahrhundert, noch lebendig im Gedächtnis der Generationen, als der Holodomor 1933 anscheinend die traditionelle freie Landwirtschaft mit Stumpf und Stiel ausgerottet hatte, den Widerstand der Bauern gebrochen und Millionen in die kollektivwirtschaftliche Sklaverei in der Art russischer Leibeigenschaft getrieben hatte, damals waren die Ernteerträge dieser Ländereien (notabene die besten Schwarzerdeböden der Welt!) wenigstens siebenmal niedriger als in der unabhängigen Ukraine! (Wen es interessiert, der kann es selbst ausrechnen und die Rekordernte der UdSSR – die von der damaligen Propaganda so wahnsinnig gefeiert wurde, dass ich mich noch heute daran erinnere, wie man uns in der Schule zwang, die Ernte des »ukrainischen milliardsten

Puds« auswendig zu lernen – mit der Getreideernte der Ukraine im Jahr 2021 vergleichen: 107 Millionen Tonnen.) Ich würde diese Zahl auch metaphorisch nehmen (der Einfachheit halber), um den Unterschied in der Effizienz der russischen und der ukrainischen Wirtschaft in allen Bereichen zu illustrieren, einschließlich des militärischen (natürlich mit Ausnahme der Lügen- und Terrorindustrien, wo Russland unübertroffen ist, aber man kann diese kaum als wirtschaftlich klassifizieren, denn sie vermehren nicht den gesellschaftlichen Wohlstand, im Gegenteil, sie demoralisieren menschliche Ressourcen und sollten als selbstmörderisch für jedes Land angesehen werden, das auf sie setzt).

Eigentlich ist das so augenfällig, dass es schon wehtut: Seit dreißig Jahren haben die Ukrainer bewiesen und mit ihrem Handeln bestätigt (wenn jemand daran zweifeln sollte!), dass Freiheit um das Siebenfache effektiver ist als Sklaverei – und jetzt, wo die Verantwortungslosen (Sklaven, Tagelöhner, »Entfremdete« – mit einem Wort, keine Hausherren, wie man auf Ukrainisch in deutlich missbilligendem Ton sagt) uns mit der Ausbeutung der Natur kopfüber in den Klimawandel gestoßen haben, der das Überleben der gesamten Menschheit bedroht, war dieser bedrohten Menschheit seit acht (acht, verdammt noch mal!) Jahren die Frage kein Wimpernzucken wert, »warum widersetzen sich die Ukrainer so hartnäckig und wollen Russland nicht in ihre Steppe lassen, vielleicht wissen sie etwas, was unser Russischlehrer uns im Studium nicht gesagt hat?«

Und auch keiner aus den internationalen Organisationen, die seit 2014 viele Male im Donbas waren, erhob seine Stimme: Hey, warum sind auf der ukrainischen Seite des Donbas entlang der Straßen Aprikosenbäume gepflanzt, und zwar buchstäblich auf Schritt und Tritt, während auf der russischen Seite, auf genau demselben Boden, wie mit einem Lineal gezogenes ödes Land beginnt?

♦

»Russland hat keine Geschichte«, sagte Nikolai Slutschewsky, der amerikanische Urenkel von Peter Stolypin, dem letzten der gescheiterten Reformer des russischen Imperiums, vor kurzem in einem Interview mit Voice of America, etwas, das schon viel früher von erfahrenen Russisten gesagt wurde und bereits im letzten Jahrhundert in die politische Debatte hätte eingeführt werden sollen. »Die Ukraine hat eine Geschichte, doch Russland hat keine.«

Die Interviewerin war ganz erschrocken, der Nachkomme der zaristischen Elite erklärte: Die gesamte sogenannte russische Geschichte ist die Geschichte des Staates seiner Vorfahren, einer schmalen höfischen Schicht, also nichts weiter als eine Vitrine, Fassade (das Gleiche beobachtete Ewa M. Thompson, als sie schrieb, dass das Leben von Lew Tolstois Helden in Russland ungefähr 500 Familien lebten, daher kann man den russischen Roman des 19. Jahrhunderts streng genommen nicht als europäisch ansehen, er ist ein Phänomen ganz anderer Art – eine Art »Cargo Kult«, eine Verpflanzung europäischer Modelle, so wie Petersburg eine »Cargo Relocation« von Venedig ist oder die russische Matrjoschka eine »Cargo Relocation« der japanischen Daruma, gefertigt am Fließband im Jahr 1891 …). Doch hinter dieser hell erleuchteten Fassade ist Dunkelheit und Öde: Unkultivierte Räume eines an Gigantismus krankenden Landes, in dem man auch im 21. Jahrhundert von einem Dorf zum anderen oft nur auf dem Wasserweg gelangen kann, denn Straßen, trotz Jahrhunderte langer Sklavenarbeit, wurden keine gebaut. Sechzig Millionen Menschen der Bevölkerung Russlands leben in nur 20 Städten, plus den Regionen Moskau und Petersburg, und diese Tatsache sollte ein neues Licht auf die Entführung und Deportation von Ukrainern durch die russische Armee werfen, die Verbringung von Kindern, die man ihren Eltern entrissen hat, aus den besetzten Gebieten in die Tiefen Russlands hinein (schließlich hat der

Kreml sein Interesse an ukrainischen Humanressourcen nie verheimlicht, und das Putinsche Mantra von »einer Nation« sollte nicht nur als historische Fantasie, sondern auch als sehr pragmatisches Menschenjagdprogramm betrachtet werden, um die aussterbenden Arbeitsressourcen mit Millionen gesunder und arbeitender *weißer* Bevölkerung wieder aufzufüllen, hier hat Russland fleißig von den Methoden des Dritten Reichs gelernt, nur anstelle der Opposition »Arier« vs. »Nicht-Arier« wird »Russisch« vs. »Nicht-Russisch« verwendet: Letzteres (Nicht-Russisch) ist übrigens ein Schimpfwort, ein umgangssprachliches Pejorativ, und aus der Tatsache, dass dieses Thema außerhalb der Ukraine praktisch nicht diskutiert wird, kann wieder einmal der traurige Schluss gezogen werden, dass wir alle die Lektionen des Zweiten Weltkriegs noch nicht gelernt haben).

Die Geschichte eines Volkes mit der Geschichte seiner herrschenden Eliten gleichzusetzen, ist natürlich ein vormoderner Ansatz. Und in Russland, ich wiederhole, wurde nichts außer seiner »Fassade« modernisiert, weil es bei jedem Versuch der Modernisierung (Liberalisierung, Demokratisierung usw.) sofort begann auseinanderzufallen, was auch ganz natürlich ist: Ein feudales Imperium lässt sich nicht modernisieren, ohne die Phase eines Nationalstaates zu durchlaufen, doch wäre es dazu gekommen,

dann hätte sich gezeigt, dass die Russen nicht wirklich ein Volk sind, sondern, nach der treffenden Formel von Astolphe de Custine, ein Kerker der Nationen, ein Land als Garnison, wo sich der Dienst in der Armee nie besonders von einem Aufenthalt im Gefängnis unterschieden hatte, und die einzige authentische Folklore (nicht jene von eroberten Ethnien übernommene oder künstlich von den Eliten im 19. Jahrhundert ausgedachte, die man in einer Vitrine ausstellen konnte wie die Matrjoschkas) ist die Gefängnisfolklore. (Die Tatsache, dass zwanzig Jahre lang auf der Bühne des Kreml-Kongresspalastes, dieser russischen Carnegie Hall, Lieder aus dem kriminellen Milieu ertönten und alle im Saal begeistert aufstanden wie in anderen Ländern bei der Nationalhymne – denn Russland hat keine eigene neue Nationalhymne, übrigens ein deutliches Anzeichen dafür, dass modernes Nation-Building hier nie stattgefunden hat! –, sollte wenigstens Experten vorsichtiger werden lassen mit ihren optimistischen Prognosen über die Zukunft einer russischen Demokratie, stattdessen starren alle wie verzaubert »auf die Vitrine«, wo das Ballett des Bolschoi-Theaters den »Schwanensee« tanzt, und man glaubt, das sei das »wahre Russland«.)
Und als bei jedem Modernisierungsversuch das Gefängnis der Völker auseinanderzufallen begann, da wurde es jeweils durch einen Restart der Nachfolger jener vormoder-

nen Eliten gerettet und in seiner monarchischen Gestalt während aller historischen Variationen erhalten – sei es unter Katharina II. oder Nikolaus II., selbst unter Stalin und auch Putin, die, wie Kinder vor der Dunkelheit, zu Tode erschreckt vor der russischen Wüstenei die Sicht darauf mit ihrer eigenen Person verstellten.

Aus dieser Angst (wie im letzten Jahrhundert die wenigen Slawisten aufzeigten, die keine russischen Scheuklappen vor Augen hatten – Andrzej Walicki oder Jurij Scheweljow …) wurde im 19. Jahrhundert der russische Populismus, die sogenannte Narodniki, geboren, woraus wiederum der russische Bolschewismus hervorging (der sogar bereit war, für sein Spiel die »Dame« zu opfern, also den Zaren und seine Dynastie, aber – warnte Lenin – »die Ukraine zu verlieren, wäre gleichbedeutend mit den Kopf zu verlieren!«), und eben diese Angst höre ich jetzt in den Auftritten der russischen Polit-Emigranten, auf die der Westen vertrauensvoll seine Hoffnungen auf liberale Reformen in »Russland nach Putin« setzt, ohne zu kapieren, dass man mit demselben Erfolg auf die Balletttruppe des Bolschoi-Theaters setzen kann: das ist alles dieselbe »blendende Vitrine«. Eine Geschichte ohne Volk, wie Nikolai Slutschewskyi, Urenkel von Stolypin, es ganz offen nannte.

Jemand musste es endlich sagen. Jemand, der weiß, wovon er spricht.

Denn das haben bisher nur Ukrainer gesagt. Aber wer würde auf uns hören, wir sind ja too small?

♦

Die Ukraine hat eine Geschichte, das ist der springende Punkt. Und nicht nur eine politische Geschichte – obwohl sie natürlich ziemlich politisch ist: Die russische Propaganda in ihrem goebbelshaft-geifernden Ton mag so oft wiederholen, wie sie will, dass die Ukraine bis 1991 politisch nicht existierte, sondern nur eine Republik innerhalb der UdSSR war, aber es wird nicht wahrer dadurch. Es muss an dieser Stelle nicht lang und breit mit Karten und Verweisen erklärt werden, was wir der Kosakenrepublik unseres Staates im 17. und 18. Jahrhundert zu verdanken haben (auf den damaligen Karten Europas heißt es: Ucraina Terra Cosaccorum) und was alles der Ukrainischen Volksrepublik von 1918–1921: Es reicht schon, sich zu vergegenwärtigen, dass, wenn wir in der modernen Geschichte wirklich keine eigene politische Elite gehabt hätten, heute keine russischen Raketen aus Belarus auf uns abgefeuert würden, sondern von uns auf Litauen, Polen und so weiter, überall da hin, wohin Moskau es befiehlt … Der Stalinismus brachte nicht nur den Holodomor, sondern realisierte auch einen konsequenten Elitenmord in der Ukraine, eine fast vollständige »Säuberung« aller lokalen Eliten (Murawjos »Schlag die Bourgeois und Ukrainer!« aus dem Jahr 1918 verwandelte sich in Stalins Version zum Kampfruf gegen den »ukrainischen bourgeoisen Nationalismus«, was bis zum Ende der UdSSR für den KGB das Mittel der Wahl für eine Horroranklage blieb, Putin wiederholt jetzt einfach alles aus den Lehrbüchern seiner Jugend, einschließlich der Erschießungen ukrainischer Lehrer und Priester in den eroberten Dörfern!). Das Merkwürdige ist jedoch, dass diese Eliten, obwohl sie wie vom Erdboden vertilgt schienen (jene, die es nicht geschafft hatten, rechtzeitig in die Emigration zu fliehen) und am Ende der UdSSR schon gänzlich durch die russische Kolonialverwaltung ersetzt worden waren, auf erfrischende Weise das für das politische Überleben notwendige kulturelle Gedächtnis an uns weitergeben (das ist etwas, das mich seit mehr als dreißig Jahren immer wieder in Erstaunen versetzt, und ich nenne es das »ukrainische Wunder«) – also ist der gegenwärtige ukrainische Staat, und sei es auf Umwegen, zu einem nicht geringen Teil auch das historische Verdienst dieser Eliten.

Aber außer der politischen Geschichte hat die Ukraine etwas sehr Gegenwärtiges, das Russland nicht hat und nie hatte: Sie ist ein Volk mit einer Geschichte, die nicht durch irgendwelche imperialen Dekrete erfunden werden musste. Die ukrainischen Autochthonen bewohnten seit jeher die Landstriche »vom San bis zum Don« (ebenfalls ein Zitat aus der Nationalhymne, das nach 1991 politisch korrekt gestrichen wurde, damit niemand den Eindruck bekomme, dass die Ukraine die Grenzen im Nachkriegseuropa in Frage stelle), in denen sie mit ihrem Pflug aus eigener Konstruktion schon fast seit der Römerzeit pflügen (dreieckig, mit einem Rad und einer Pflugschar) und innerhalb deren Grenzen sie eine gemeinsame Sprache verwendeten, die sie vor 1000 Jahren als Graffito in den Altarvorraum der St.-Sophia-Kathedrale in Kyjiw ritzten; diese Nation schuf ihre Version des östlichen Christentums (die Kyjiwer Orthodoxie stellt die gemeinsame Quelle sowohl für die ukrainisch-orthodoxe als auch für die griechisch-katholische Kirche dar), mit ihrer Form der Staatlichkeit – der Kosakenrepublik (mit der Trennung von Legislative, Exekutive und Judikative), mit ihrer barocken Kultur und ihrem eigenen Stil der Sakralarchitektur, der Ikonenmalerei und des Kirchengesangs (das bekannte »Schtschedryk« – die in der anglophonen Welt als »Carol of the Bells« bekannte Musik entstammt unmittelbar dieser Tradition) – und trotz all der bunten Varianten von interethnischen und zwischenstaatlichen Bündnissen, Abkommen, Protektoraten usw., in denen sie in den letzten tausend Jahren aufleuchteten, zeigten sie im Allgemeinen eine erstaunlich gute Überlebensfähigkeit unter Bedingungen des Fehlens natürlicher Grenzen. Aus diesem Grund lernten sie früh Städte zu bauen und fremde kulturelle Minderheiten einzugliedern (in der Anthroponymie der ukrainischen Nachnamen haben sich Dutzende lebender und ausgestorbener Völker und Ethnien von Skandinavien bis zum Nahen Osten niedergeschlagen!) und ihren archetypischen »Kirschgarten« mit der Waffe in der Hand zu verteidigen (die Waräger nannten uns das »Land der Städte« – »Hardaryk«, und es ist nicht verwunderlich, dass die Ostgrenze der Ukraine auch die Ostgrenze der europäischen städtischen Selbstverwaltung mit dem Magdeburger Stadtrecht darstellt, und in den unter russischer Verwaltung zum Status von Dörfern herabgekommenen ehemaligen selbstverwalteten Städten haben sich bis ins 20. Jahrhundert Straßennamen der Handwerkerzünfte erhalten, woran sich die Elterngeneration noch erinnern kann). Das ist eine ziemlich vielfältige und spannende Geschichte, und um sie zu entdecken, muss man freilich zweihundert Jahre imperialer Manipulationen wegwaschen – ohne Angst, in einem KGB-Gefängnis zu landen oder, wie man im Donbas seit 2014 sagt, »im Keller«, eine geradezu berauschende Aktivität, die jeden Intellektuellen fasziniert. In gewisser Weise kann man sogar den Neid nachvollziehen, den diese Geschichte bei unseren nördlichen Nachbarn hervorrief und noch immer hervorruft: Es ist der klassische Neid der Besitzlosen auf die Besitzenden, eines der wichtigsten psychologischen Motive dieses Krieges.

In der Geschichte der russisch-ukrainischen Beziehungen manifestierte sich dies oft als Neid des armen, hungrigen Nordens auf den wohlgenährten und reichen Süden (dieser russische Gefangene, der während des Verhörs alle Erklärungen dafür ausgeschöpft hatte, warum seine Armee die Ukraine angegriffen hatte, gab schließlich trotzig zum Besten: »Warum solltet ihr besser leben als wir?!« Ohne es selbst zu wissen, wiederholte er das Hauptargument, mit dem 1933 die Heerschar von 30.000 russischen Proletariern unter dem Vorwand kommunistischer Reformen, der Entkulakisierung«, in die Ukraine gekommen war, was nichts anderes als die »Fassade« eines Völkermords abgab, genauso wie Putins aktuelle »Entnazifizierung«, nur damals sorgfältiger geplant). Alle Reden Putins zum ukrainischen Thema sind Musterbeispiele aus der Textsorte »Neidtexte«, aber selbst darin ist er keineswegs originell – unter seinen diskursiven Vorgängern gab es im Gegensatz zu ihm Menschen, die durchaus begabt waren wie etwa Michail Bulgakow und sogar Nobelpreisträger wie Joseph Brodsky: Unterm Strich mühte sich die *gesamte* russische kulturelle Tradition (jene erwähnte Vitrine) der letzten

drei Jahrhunderte von Generation zu Generation damit ab, sich die Ukraine anzueignen – ihre Geschichte, ihre Kultur und sogar ihre Menschen.
Nur gibt es ein »aber«: Die Russen haben sich das nicht als Erste ausgedacht.
Ausgedacht wurde es von Ukrainern.

♦

In der Ukraine erinnert man sich nicht gerne daran. Vor allem und besonders nach 2014 stellen sich die Ukrainer lieber als ehemalige Kolonie des Russischen Reiches dar – als Opfer von Besatzung und Völkermord, im Prinzip ist das historisch sicher gerechtfertigt, nichts dagegen zu sagen, aber wenn man sich ein wenig weiter erinnert, dann erfährt man, dass die Ukrainer für dieses Imperium die gesamte »europäische Fassade« erfanden resp. ausliehen, weltanschaulich ordentlich aufstellten, bis zum letzten Knopf ausstatteten, sodass diese Knöpfe seitdem nicht mehr ausgewechselt worden sind, sondern nur geputzt – so ein Erbe wird man nicht mehr einfach los.
Die Kyjiwer Intellektuellen der Lawra-Schule und später der Kyjiwer Mohyla-Akademie waren an der Wende vom 16. zum 17. Jahrhundert einerseits zutiefst beunruhigt durch die jesuitische Expansion aus dem Westen (und der

äußerst unklugen diskriminierenden Politik Warschaus gegenüber den orthodoxen Eliten) und andererseits durch die Aggressivität des Osmanischen Reiches und die Unzuverlässigkeit des Krym-Chanats im Süden (hier hatten die ukrainischen Kosaken eigene Interessen: an einem sicheren Zugang zum Schwarzen Meer und zu eben jenen fruchtbaren Küstensteppen, in denen noch heute die köstlichsten Wassermelonen der Welt, jene aus Cherson, und die ebenso leckeren Kirschen aus Melitopol gedeihen), und sie ersannen das orthodoxe Imperium dreier Nationen (das später, unter Nikolaus I., zum »dreieinigen russischen Volk« mutierte) als optimales wirtschaftliches Projekt zur Wahrung der ukrainischen Interessen. Und sie wählten das Moskauer Zarenreich zum Ausführenden ihres Projekts.
Diese Wahl war vielleicht nicht die beste, doch andere Optionen waren nicht unbedingt besser. Vor allem wenn man daran denkt, dass das aufstrebende Schweden noch im 17. Jahrhundert ein Kandidat für ein nordisches Weltreich war. In diesem an allen Seiten brennenden Dreieck ohne einen eigenen Staat zu manövrieren (unser letzter rechtmäßiger Erbe des Großherzogstitels starb 1340, und der Thron ging an seinen litauischen Schwiegersohn über, und in weiteren hundert Jahren kamen die ukrainischen Länder aufgrund einer weiteren dynastischen Ehe unter die polnische Krone), war keine einfachere Aufgabe als die

heutige, nämlich endgültig dieses lebensunfähige Zombie-Imperium zu zerstören, das die Ukrainer damals aus dem Moskauer Zarenreich geformt hatten – und das sich als das gleiche Frankenstein-Monster entpuppte wie der bescheidene Oberleutnant Putin, der von Berezowsky als Nachfolger Jelzins auserwählt worden war …

Zweihundert Jahre lang (bis ins 19. Jahrhundert, einschließlich der Zeit Nikolaj Gogols) statteten die Ukrainer ausdauernd die »Vitrine« aus, alphabetisierten, führten Kirchenreformen durch, gründeten Klosterschulen und kirchliche Hochschulen (als 1755 die erste russische Universität in Moskau eröffnet wurde, waren nicht nur die Hochschullehrer, sondern auch die Schüler fast ausschließlich Ukrainer!), schufen eine Literatursprache, die für »Großrussen und Kleinrussen gleichermaßen verständlich war« (Nikolaj Gogol), und liehen dem Imperium sogar den eigenen Namen, in der hellenisierten Version (im Jahr 1721 wurde offiziell die Bezeichnung »Rus« als »Russland« von Kyjiw in das neu erbaute St. Petersburg transferiert, und das frühere Moskowien wurde endgültig zu einem Archaismus) – kurz und gut, sie gestalteten zusammen mit Deutschen und Niederländern für Russland ein europäisches Gesicht, das es dem Westen zuwenden konnte. Und wie es zu einem gewissen Zeitpunkt schien, nicht ohne politischen Gewinn für sich selbst: Mittels

»Großrussland« (die Bezeichnungen Großrussland und Kleinrussland wurden analog zum historischen Groß- und Kleingriechenland verwendet, wobei »Groß« sich auf die griechischen Kolonien und »Klein« sich auf die Metropole bezieht, in unserem Fall war Kyjiw das »slawische Athen«) gelang es den Ukrainern, auf der internationalen Bühne einiges zu erreichen, auch nach der Niederlage von Hetman Mazepa (1709) und dem ersten von unserem nördlichen Nachbarn überfallenen »Butscha« – die vom Erdboden getilgte Stadt Baturin, Mazepas blühende Hauptstadt mit ihrer Bevölkerung, ihren Kirchen und Palästen.
Heute erinnert man sich in Russland nicht mehr an die ukrainischen grauen Eminenzen des 18. Jahrhunderts – aber es sollte bekannt sein, dass nicht der Analphabet Peter I., sondern Feofan Prokopowitsch, ein wirklich herausragender Denker des ukrainischen Barock, der Urheber der sogenannten petrinischen Reformen war, und ebenso nicht Katharina II., sondern ihr Kanzler Oleksandr Bezborodko, der Sohn des letzten Kanzlers des Hetmanats, der Architekt ihrer Außenpolitik war, einschließlich der Siege über die Türkei und der Teilung Polens. Die letzten Nachfahren unseres Kosakenadels konnten den Polen die alten historischen Spannungen selbst im 19. Jahrhundert nicht verzeihen und brüsteten sich damit noch, als die letzten Überreste der Kosakenautonomie schon längst be-

seitigt worden waren und die Ukraine von den russischen Zaren versklavt und in eine Kolonie umgewandelt worden war – da war es höchste Zeit für eine neue Generation von Denkern und Dichtern, inspiriert von der Französischen Revolution und dem europäischen Völkerfrühling, die 1847 mit den Worten des äußerst talentierten ukrainischen Nationaldichters Taras Schewtschenko gegen den vormodernen, provinziellen »kleinrussischen Adel« mit seinen altmodischen gogolhaften Gehöften und dem stillen Hedonismus von Likör und Hefeklößchen wetterte und in der wütenden poetischen Schmähschrift »Botschaft« vom Sockel stieß (»An meine toten, lebenden und ungeborenen Landsleute in der Ukraine und nicht in der Ukraine«) – und diesen kleinrussischen Adel aus seinem historischen Schlaf weckte. Schewtschenko ist genial und eindeutig schon eine Stimme jenseits der ständischen Hierarchie, die Stimme einer gesamtgesellschaftlichen Solidarität auf der Grundlage demokratischer Freiheitsliebe, also des Übergangs zur Moderne in der Denkweise und sogar in der dichterischen Stilistik. Und wenn die russische Literatur im 20. Jahrhundert die Modernisierung der Stilistik (also wieder der »Fassade«) auch gut meisterte, so ist ihr doch Schewtschenkos Gefühl der bürgerlichen Solidarität als nationsbildend, »vertikal« und »horizontal«, in Raum und Zeit zugleich, noch immer unbekannt.

(Es ist bezeichnend, dass sie alle in ein und demselben Jahr 1847 verhaftet und zu unterschiedlichen Strafen verurteilt wurden – die ganze Kyjiwer Gruppe glänzender junger Intellektueller, die sich »Bruderschaft von Kyrill und Method« nannte und die Befreiung der Ukraine von Russland und einen internationalen Bund slawischer Länder von der Ostsee bis zum Mittelmeer anstrebte – doch Schewtschenko, der einzige Nichtadlige unter ihnen, wurde zu einer damaligen Art von Gulag verdonnert: er musste als gewöhnlicher Soldat in eine der entferntesten Festungen Kasachstans, wo er zehn Jahre zubrachte – das Imperium spürte ganz genau, woher ihm der Untergang drohte, und verfolgte fortan alle Anzeichen eines »kleinrussischen Separatismus« – in der Version der UdSSR hieß das dann »ukrainischer bourgeoiser Nationalismus« – mit einer Wut, die die Welt jüngst in Butscha wahrhaft erschütterte. 1863 wurden Druckerzeugnisse in ukrainischer Sprache verboten, 1876 durch einen eigenen Zarenerlass, den sogenannten Emser Ukaz, die sogenannte Ukrainophilie, egal ob in Schulen, Presse, Universitäten oder wissenschaftlichen Einrichtungen, im Ganzen kriminalisiert – und ohne Bildung und Schule wurde die Modernisierung der Ukraine als Teil des russischen Imperiums für ganze zwei Generationen gebremst, was wiederum Bereitschaft und Vermögen der ukrainischen Gesellschaft, auf die historischen Herausforderungen von 1918–1920 entsprechend zu reagieren, beeinträchtigte – und man wird das Gefühl kaum los, dass das heutige Russland seine Technologien der Unterwerfung einfach aus der damaligen Zeit abgeschrieben hat: zuerst ein paar Generationen der »Demoralisierung«, und dann kann man kommen und es nach Belieben ausplündern!)

Die Ukraine befand sich von 1847 bis 1991 (als das Projekt der Bruderschaft von Kyrill und Method schließlich Erfolg hatte, wenn auch nicht ganz so, wie es damals vorgesehen war) in einem Zustand *ununterbrochenen Widerstands* und entwickelte sich vor diesem Hintergrund. Ohne Übertreibung, es war ein ständiger *Kampf* – nicht nur von der Mehrheit der Gesellschaft (während der Kriege gegen uns und der »Spezialoperationen« der Nachbarstaaten), sondern auch von größeren oder kleineren gesellschaftlichen Gruppen, die freiwillig die Funktion der nationalen Repräsentanz übernommen hatten – für das Recht der Gemeinschaft zu leben und Ukrainer zu sein. Manchmal glich es irrsinnigen Actionfilmen und es flossen Ströme von Blut, manchmal musste man wiederum, wie in Carrolls »Alice«, ohne vorwärts zu kommen, sehr schnell rennen, um an Ort und Stelle zu bleiben, aber im Allgemeinen war der Weg, der in einigen Verwaltungsbezirken des russischen Imperiums begann, hin zum modernen ukrainischen Staat, den fünf bis sechs Generationen zurücklegten, doch eine Geschichte, die HBO und Netflix für Hunderte von Serienstaffeln reichen würde: Es gäbe Geschichten über Kriege und Widerstand, Heldentum und Verrat, Niederlagen und Siege und über einen ganzen Krieg, der von der Welt gar nicht wahrgenommen und von den Ukrainern gewonnen wurde – die Geschichte des Gulag-Kriegs (die Tatsache, dass noch immer die Auflösung des Gulagsystems nicht den Aufständen in den Lagern, sondern dem guten Willen Chruschtschows zugeschrieben wird, ist in etwa das Gleiche, was heute in Russia Today produziert wird: dass die Flucht der besiegten Russen von der Schlangeninsel eine Geste des guten Willens gewesen sei!,) und auch die Geschichten über jene von Ukrainern weltweit kultivierten wilden Landschaften von Westkanada bis zum Fernen Osten und über den ukrainischen Einfluss auf die moderne Geschichte, der bedeutsamer ist, als man für gewöhnlich bisher wahrgenommen hat … Die Tatsache, dass wir existieren, trotz der 150-jährigen systematischen Bemühungen des Reiches des Bösen, sich uns einzuverleiben und »ein Volk« zu werden (in der softeren UdSSR-Version »ein Sowjetvolk«) ist kein Geschenk des Schicksals und keine Gunstbezeugung von irgendjemandem: *Es ist das Ergebnis unseres Sieges über unsere Mörder.*

Diesen Sieg will Putin nun auf null zurücksetzen, die Ge-

schichte um 300 Jahre zurückdrehen und das dem russischen Politikum vertraute Spiel der vormodernen Zeit spielen, als das Imperium gerade auf das europäische Spielfeld kam, noch jung, fleißig und voller messianischer Pläne, und es aus »Kleinrussland« so viel herauspumpte, wie es konnte, und es als Erste (aber keineswegs als Letzte, nein-nein!) Trophäe auf dem Weg zur Übernahme von Konstantinopel – und zur Weltherrschaft sah.
Genau das ist dieser Krieg: Die Sehnsucht eines verkalkten Gehirns eines Toten – unfähig zur eigenen geschichtlichen Weiterentwicklung – nach seiner eigenen Jugend. Das Heulen eines hungrigen Vampirs, der ohne frisches Blut zurückbleibt, der verbitterte Aufschrei von Frankensteins Monster an seinen Schöpfer: Was soll das heißen, du kannst ohne mich, aber ich nicht ohne dich? … Wut und Hass gegenüber dem, der voller Leben und Wärme ist, der, anstatt dieses Leben und diese Wärme weiterhin mit dir zu teilen, dich allein lässt in der kosmischen Einöde und Todesangst, die Rache eines auf Diät gesetzten Zombies, Selbstmord.

♦

Mit dem Verlust Kyjiws verliert die Russische Föderation, also eigentlich Großrussland, oder ganz eigentlich

Neu-Moskowien (das wäre wahrscheinlich gegenwärtig die geeignetste Bezeichnung dafür), ihre Geburtsurkunde – denn sie hatte weder ein eigenes Taufdatum noch eine christliche und kirchliche Metropole (bis sie sich Kyjiw im 17. Jahrhundert aneignete), sondern war ihrem vorherrschenden Glauben nach, wie schon im 19. Jahrhundert ukrainische Historiker (Mychajlo Drahomanow) vermuteten und jetzt auch russische (Igor Jakowenko) annehmen, dem Manichäismus näher als dem Christentum (deshalb wundert sich im gegenwärtigen Russland auch keiner über die beispielsweise neu eingeführten Rituale der »Weihe« von Raketensystemen oder über die Drohungen von Priestern, die Gläubigen wegen Ungehorsams mit Bannsprüchen zu verfluchen, ein schönes Beispiel ist auch die 2018 nahe Moskau errichtete »Kathedrale der Streitkräfte« mit ihrer bereits offen antichristlichen Ästhetik, wo die irdische Macht, und nicht die himmlische, als sakral erscheint). Die doktrinäre Formel der Identität des Russischen Reiches, die als Gegengewicht zum französischen »liberté, egalité, fraternité« aufgestellt wurde, »Orthodoxie, Autokratie, Volk«, funktioniert ohne die Ukraine nicht, denn es fallen zwei Komponenten gleichzeitig aus: Orthodoxie und Volk. Nur die »Autokratie« (»die Machtvertikale«) bleibt übrig, plus die russische Sprache als Substitut geistiger Unterwerfung, ein Ersatz für die »Nationalität« dieses Amalgams aus slawischen, finno-ugrischen und Turk-Stämmen, die sich bereit erklärten, ihre Sprachen gegen Russisch einzutauschen und zu einer Moskau-zentrierten Gemeinschaft zu verschmelzen. Und jetzt – ziehen ihnen die Ukrainer das ganze schöne Reich unter den Füßen weg, und Russischsprachige weigern sich, sich als Russen zu bekennen, und sterben für ihr Recht, Ukrainer zu sein, ja, sie schießen sogar auf diejenigen, die gekommen sind, ihnen dieses Recht zu nehmen. Ansonsten gibt keinen Grund für die Existenz dieses Imperiums – es sei denn, man zieht Gasleitungen als Grund heran.

Drei Jahrhunderte lang wurde die »Fassade« erneuert und immer wieder neu angestrichen, bis sie am 24. Februar 2022 zerbröselte und sich als Bluff herausstellte. Russland ist am Ende.

♦

Warum haben wir nicht geglaubt, dass Russland uns in Nachahmung des Hitler-Szenarios aus dem Jahr 1939 so brutal angreifen würde, trotz aller Warnungen westlicher Geheimdienste, trotz der an unseren Grenzen zusammengezogenen, geradezu mittelalterlich-sagenhaften Goldenen Horde russischer Truppen, und trotz der Tatsache, dass sechzehn westliche Botschaften Kyjiw lange vor dem

24. Februar verließen und ihre Bürger aufforderten, augenblicklich das Gleiche zu machen und das Land zu verlassen – warum waren wir so sicher?
Darauf sind tausend Antworten möglich. Ich habe mir diese Frage in den vergangenen Monaten oft gestellt (wie konnte ich am 23. Februar ins Ausland fliegen, ohne auch nur einen Moment daran zu denken, dass ich am Samstag vielleicht nicht mehr zurück kann?). Eine Antwort ragt unter allen heraus und beantwortet gleichzeitig einen ganzen Haufen anderer Fragen, gestellte und nicht gestellte, jene Fragen, die am vierten Tag auftauchten (als klar war, dass die Berechnungen westlicher Experten, die es für sinnlos hielten, der Ukraine schwere Waffen zu liefern – denn wie könnte dieses »kleine Land« gegen das »große und unbesiegbare Russland« bestehen –, sich als total peinlich daneben erwiesen, wie seinerzeit die Chicken-Speech von George Bush sen. im August 1991), es handelte sich um Fragen der Kategorie: »Woher nehmt ihr Ukrainer die Kraft zum Kämpfen? Und wie kommt es, dass ihr gewinnt?« (Ich subsummiere hier die Fragen mehrerer Medienagenturen unterschiedlicher Länder.) Die Antwort ist ganz einfach: Wir haben keine Angst vor Russland.
Und es scheint, dass wir damit allein sind unter allen Nationen der Welt.

Am 6. Dezember 2021 schrieb ich auf meiner Facebook-Seite: »*Über die drohende Kriegsgefahr. <…> Ich fühle NICHTS, absolut nichts, was das angeht, keine reale Bedrohung. Kein Vergleich damit, wie BLEIERN sich die Welt im Sommer 2013 angefühlt hat, was für eine WAND <…> stand da vor uns … Doch hier <…> – Nichts, Nichts, Luftschlösser. <…>. Es gibt zweifellos eine Art Berechnung durch die Schlapphüte, aber STÄRKE gibt es verdammt nochmal keine.*«
Paradoxerweise stellt sich heraus, dass ich mich gar nicht so sehr geirrt hatte (obwohl ich nicht an eine so idiotische Rechnung glauben wollte, wie sie am 24. Februar dann offensichtlich wurde!): weder »viel Fleisch in Eisen« (die sogenannte lebendige Kraft, wie sie in unseren sowjetischen Lehrbüchern genannt wurde) noch »viel Eisen« (während ich dies schreibe, hat Russland bis heute gut zweieinhalbtausend Raketen auf die Ukraine abgefeuert!) – und doch bedeutet all das keine STÄRKE.
Die Stärke eines Landes, einschließlich seines Militärs, besteht aus MENSCHEN. Aber um eine echte Kraft zu werden, müssen sie sich zunächst weigern, »Material« zu sein. Und das nicht nur auf dem Schlachtfeld.

Wir haben auch jetzt keine Angst, nach all dem unermesslichen Leid, den Verlusten und der Zerstörung, die Russland seit dem 24. Februar 2022 über unser Land gebracht hat. Wir kennen den Wert dieses verwesenden Zombies: Denn wir (unsere Vorfahren) haben ihm zum Leidwesen der Polen und der Türkei auf die Beine geholfen und ihm eine Form gegeben und dann noch jahrhundertelang mit unserer Kraft aufgepäppelt – zuerst freiwillig, dann gezwungenermaßen, denn es ist einfacher, Bündnisse mit Moskau einzugehen (vor denen auch heute noch niemand warnt!), als sie wieder zu lösen, ganz nach den Regeln der Mafia und dergleichen kriminellen Vereinigungen … Und die sprichwörtliche militärische Größe dieses Monsters ist, in viel größerem Maße als irgendein Experte bisher zu schätzen vermochte, auch unser Verdienst: Es waren die ukrainischen Kosaken (die dabei unmittelbar für ihre eigenen Ziele kämpften!), die die russische Armee mit dem Nimbus der Unbesiegbarkeit in den türkischen Feldzügen umgaben und von da an das Rückgrat dieser Armee bildeten; die unteren und mittleren Offiziere, sei es für den Zaren oder dann die Bolschewiki, bestanden überwiegend aus Ukrainern, denn die wussten schon immer, wie man kämpft … Und deshalb schreckt uns Putins nukleare Erpressung, im Gegensatz zum Westen, viel weniger: Wir kennen Russland – wir wissen aus eigener Erfahrung, aus Sowjetzeiten, wie professionell Russland blufft und wie schamlos es stiehlt, und die ukrainische Rechnung lautet hier in die Sprache des gesunden Menschenverstandes übersetzt: Mit größter Wahrscheinlichkeit ist der russische Atomwaffenvorrat längst gestohlen und in alle Richtungen verkauft, und falls etwas noch nicht gestohlen wurde, dann – wie ein ukrainisches Sprichwort sagt – ist der Teufel nicht so furchtbar, wie man ihn an die Wand malt. Die Explosion einer taktischen Atomwaffe bedeutet nicht gleich eine nukleare Apokalypse à la Hollywood, sie lässt sich überleben, wir haben überlebt, so einigermaßen, und Tschernobyl war da in gewissem Sinn viel gefährlicher – und während westliche Politiker überlegen, wie man Putin nicht allzu sehr irritiert, damit er nicht, Gott bewahre, den mythischen »roten Knopf« drückt, verbreiten Ukrainer in sozialen Netzwerken fleißig Anweisungen, wie man sich im Falle einer Atombombenexplosion verhalten soll (ich sage gleich vorweg: nichts Neues für diejenigen, die den Mai 1986 in Kyjiw erlebt haben) …

Ich möchte eines klarstellen: Es handelt sich um keine besondere Tapferkeit, wie sie bei antiken Helden beschrieben wird (weil mir auch solche Interpretationen untergekommen sind!). Selbstverständlich fürchten wir natürliche physiologische Reaktionen auf eine unmittelbare Lebensbedrohung: Wenn neben einem die Sirene losheult, wenn eine Rakete donnernd über deinen Kopf fliegt, wenn du mitten in der Nacht mit eigenen Augen, wie in einem Gewitter, den Himmel durch Artilleriefeuer weißlich blitzend, siehst und dann mitanschauen musst, wie das Nachbarhaus brennend zusammenstürzt, dann ist das sehr beängstigend: zum Erbrechen, es führt zu irrem Stress, zu Panikattacken und irrationalem Verhalten. Aber ich meine etwas anderes: Wir haben nicht jene Angst, die die russischen Zerrspiegel uns vorgaukeln wollen – der mächtige Bluff über das »große und unbesiegbare Mütterchen Russland« in Verbindung mit *psychologischem Terror* – ein auf Tschekisten-Art geschicktes Spiel auf der Klaviatur historischer Traumata, jede Nation hat ihre eigenen (»Erinnern Sie sich, als die Russen kamen und welches Leid sie der Großmutter/dem Großvater/dem Urgroßvater zufügten? Nun, die Russen sagen anstelle von ›Nie wieder Krieg!‹ ›Wir können es wieder machen!‹, es ist also besser, sie nicht zu reizen, verhalten Sie sich, wie die es sagen …«).

Das bedeutet nicht, dass nicht auch wir eigene Traumata hätten, schreckliche und noch immer nicht aufgearbeitete (die absolute Mehrheit der Nation trägt das Trauma des Holodomor in sich, multipliziert mit dem über drei Generationen reichenden Trauma des Terrors, nicht darüber sprechen zu können, das bis Ende der 1980er Jahre strenge Verbot, nicht darüber sprechen zu dürfen, wie unsere Vorfahren 1933 liquidiert wurden). Aber wie die dreißigjährige Geschichte unserer Unabhängigkeit zeigt, löst bei der absoluten Mehrheit der Ukrainer das Drücken auf den Trauma-Knopf keine Angst aus, sondern eine Reaktion, die sich am besten mit den Worten »Nie wieder!« beschreiben lässt. Und deshalb flammt in der von Russen besetzten Region Cherson eine Partisanenbewegung auf, und es werden Brücken, Munitionsdepots und Autos der »neuen Kommissare« gesprengt – genau wie in den 1920er Jahren, *vor* dem Holodomor, als die Region vor antibolschewistischen Aufständen erbebte. Nur: dieses Mal wird es nicht funktionieren, die Ukraine mit den üblichen Methoden der Restauration des Imperiums aus Gas und Fleisch in Eisen zu »befrieden«. Es wird nie wieder funktionieren. Nachdem wir im 20. Jahrhundert nicht alle getötet worden sind, sind wir tatsächlich stärker geworden: Die Kraft des Lebens, der Liebe und der Freiheit ist auf unserer Seite.

♦

Es schmerzt außerdem, daran zu denken, dass Moskau, das uns nicht verschwinden lassen konnte, es andererseits geschafft hat, mehr als hundert Völker auf seinem Territorium zu zerstören, Völkermorde zu begehen, zu paralysieren, perspektivreiche Entwicklungen zu stoppen und zur

Degeneration zu verurteilen, demografische Katastrophen herbeizuführen etc., von dem jedes Volk – wäre es lebendig geblieben – die Welt zu einem *besseren* Ort hätte machen können, zumindest dafür gesorgt hätte, dass sein historisches Siedlungsgebiet bewohnbar und lebenswert bleibt. In der Ukraine konnten wir mit eigenen Augen sehen, wie sich die Krym innerhalb einer Generation veränderte, als die Nachkommen der von Stalin deportierten Krymtataren ab Anfang der 1990er Jahre dorthin zurückkehrten – wie sich die Krym von einer Wüste und einem ungemütlichen »Sowjetinternat« zu einem blühenden und lebenswerten Ort wandelte: Quellen sprudelten wieder (die Tataren wussten, wo sie sind!), Brunnen und Flussbetten wurden gesäubert, Erddämme gebaut, Weinberge, Schafzucht, Pferdezucht, der satte, sinnliche Duft der orientalischen Küche und Straßenmusikanten mit ihren traditionellen Instrumenten kehrten zurück, mit einem Wort, überall grünte das Leben wie Gras nach einem Regenguss, und wir sehen, wie es nach der neuen russischen Besetzung wieder vertrocknet und wie sich jetzt jedes Stückchen Natur, wie ein heftiger Wolkenbruch im Sommer 2021 zeigte, zu einer menschengemachten Katastrophe auswächst, nur gut, wenn es gerade keine menschlichen Opfer fordert. Das ist ein sehr anschauliches Beispiel – schlimmer erging es nur den indigenen Völkern Amerikas, doch war dies in der vorindustriellen Ära und zerstörte die Natur der Region nicht total – und um es noch einmal deutlich zu sagen: Der Mensch ist ein Teil der Biozönose und keiner kümmert sich besser um die Ökologie der Region als das dortige autochthone Volk. Und es ist himmelschreiend, dass keiner in den zuständigen internationalen Organisationen wegen der von Russland zerstörten Ethnien je Alarm schlug, nicht einmal jetzt im Zuge der Klimakrise werden sie überhaupt irgendwie erwähnt (es gab durchaus Kriege und im Blut ertränkte Aufstände gegen Moskau von Völkern, die ihre eigenen kulturellen Traditionen und soziopolitischen Formationen verteidigten; und all das ist die »verlorene« und *wahre* Geschichte Russlands, die es ihrem Charakter nach als einzige vor der kosmischen Öde zu retten vermochte).

Selbst jetzt, da uns die Gletscher buchstäblich unter den Füßen wegschmelzen, traut sich niemand laut zu sagen, dass der Fortbestand eines archaischen Ressourcenimperiums von der Größe eines Neuntels der Erdoberfläche eine *unmittelbare Bedrohung für den Fortbestand der Menschheit* darstellt, selbst wenn dieses Imperium keine Atomwaffen hätte und bereits 2008 umfassend entmilitarisiert worden wäre (unmittelbar nachdem es zynisch mit der Invasion des Territoriums des unabhängigen Georgien gegen das Völkerrecht verstoßen hatte).

Es gibt noch überlebende Ethnien in Russland, deren Dasein erneuert werden kann. Dafür verbrannte sich der Wissenschaftler Albert Razin 2019 auf dem zentralen Platz von Ischewsk, um gegen Moskaus Missachtung der Rechte der udmurtischen Sprache zu protestieren, und dafür trat Boläén Syres, der Anführer des Volkes der Ersja ein, als er im Mai 2022 beim UN-Forum zu Fragen der indigenen Völker sprach, und dafür kämpft die Vereinigung »Freies Buratien«, die erste ethnische Bürgerinitiative der Russischen Föderation, die sich offen gegen den Krieg in der Ukraine ausspricht und die Burjaten auffordert, nicht als Kanonenfutter in die russische Armee zu gehen … Wenn so viel Mühe – aber wie viel Mühe hat die zivilisierte Welt seit 2008 dafür aufgewendet, damit »Russland das Gesicht wahren kann«, und ihm damit geholfen, die Illusion zu erzeugen und zu verbreiten, es passiere ja nichts Schreckliches, im Grunde sei alles in Ordnung (Putin zitierend: »die Spezialoperation läuft nach Plan«) – für die Rettung *dieser unserer* Zukunft aufgewendet worden wäre – sei es durch die Schaffung effektiver Projekte der internationalen Kontrolle über verschiedene Regionen der Russischen Föderation nach ihrem unvermeidlichen und früher oder später nicht abwendbaren Zerfall –, dann wäre es vielleicht möglich gewesen, mehr als einen Gletscher zu retten. Schließlich haben all die Hunderte von Hektar verbrannter Taiga noch die zweieinhalbtausend auf die Ukraine abgefeuerten Raketen, die eintausendsechshundert Panzer, die zweitausendsechshundert gepanzerten Fahrzeuge und die vielen tausend Tonnen Ausrüstung, die auf den Feldern der Ukraine verbrannten, unserem Planeten definitiv nicht genutzt – und das ist nur ein rechnerisch kleiner Prozentsatz des Gesamtschadens, den Russland gegenwärtig dem Planeten zufügt.

Und wenn Sie sich wirklich Sorgen um die Zukunft machen, dann denken Sie an die Worte von Sitting Bull, dem legendären Indianerhäuptling, der 1890 bei einem Gefecht mit US-amerikanischen Bundestruppen getötet wurde:

»*Wenn du den letzten Baum gefällt, den letzten Fluss trocken gelegt und den letzten Vogel getötet hast – erst dann wirst du verstehen, dass man Geld nicht essen kann.*«

Dabei geht es nicht nur um die Umwelt. Es geht um das Leben auf diesem Planeten insgesamt.

Denn dafür kämpfen wir.

(Danzig, Warschau, Krasnogruda, April – Juni 2022)

Inhalt

Oksana Sabuschko
Feldstudien über ukrainischen Sex

Roman
Aus dem Ukrainischen von DAJA
2006, 176 Seiten, € 19,00

Oksana Sabuschko erzählt in diesem autobiografisch gefärbten Roman die Geschichte einer Frau, die aus »Fäulnis und Moder« der ukrainischen Geschichte weg will und jetzt an einer amerikanischen Universität unterrichtet. Der innere Monolog, in dem die Geschichte erzählt wird, mutiert zu einem öffentlichen wissenschaftlichen Vortrag, in dem auf intelligente, witzige und offene Weise der ganze Frust und das Unglück mit den Männern und mit den ukrainischen Verhältnissen abgehandelt wird.
Keine Frau hatte sich bisher, formal wie inhaltlich, öffentlich so radikal zu Fragen der Sexualpolitik, zum slawischen Machotum, zur Sklavenmentalität ihrer Heimat geäußert, sodass die *Feldstudien über ukrainischen Sex* sehr schnell zur ›Bibel des Feminismus‹ avancierten. »Ich habe die ukrainische Sprache in die Sprache des weiblichen Körpers zu übersetzen versucht.« (Oksana Sabuschko)

»Rotzfrech, selbstironisch, voller politischer Bezüge und voll Gefühl – das hat den Roman zum einflussreichsten Stück neuerer Literatur in ihrem Land und darüber hinaus gemacht.« (Bettina Musall, Der Spiegel)

»Eine bis in die Eingeweide herzzerreißende hochpoetische Suada.« (Gabriele Killert, Die Zeit)

Oksana Sabuschko
Museum der vergessenen Geheimnisse

Roman
Aus dem Ukrainischen von Alexander Kratochvil
2010, 760 Seiten, € 29,00

Oksana Sabuschkos Roman ist eine schonungslose, mutige und manchmal schockierende Abrechnung mit den gesellschaftlichen Verhältnissen der Ukraine. In einem komplexen Panorama erzählt sie die Geschichte dreier Frauen und damit auch die schwierige und verworrene Geschichte der Ukraine im 20. Jahrhundert.
Daryna ist Fernsehproduzentin in Kiew. Eines Tages entdeckt sie ein Foto der Partisanin Helzja, Mitglied der Ukrainischen Aufstandsarmee in den 40er Jahren, und beschließt, ihre Geschichte in einer Dokumentation aufzuarbeiten, umso mehr, als sie sich im Zuge ihrer Recherchen in Helzjas Enkel verliebt. Fast zur selben Zeit kommt Darynas beste Freundin bei einem Unfall ums Leben, die Malerin Wlada, deren international hoch gehandelte Gemäldeserie »Geheimnisse« bei diesem Unfall verschwindet.

»Ein Opus magnum et horrendum, in dem gegen die Mächte der Finsternis alles mobilisiert wird, was die Waffenkammern der Literatur hergeben: die grossen Gefühle, die Gewalt des Pathos, die bezwingendsten Bilder.« (Martin Ebel, Tages-Anzeiger)

»Ein Buch unter Starkstrom, von einer mitreissenden Kraft, die bis zur letzten Seite nicht nachlässt.« (Ilma Rakusa, NZZ)

Oksana Sabuschko
Der lange Abschied von der Angst

Essay
Aus dem Ukrainischen von Alexander Kratochvil
2018, 64 Seiten, € 13,00

Etwas mehr als einen Monat nach dem Terroranschlag im Bataclan am 13.11.2015 ist Oksana Sabuschko zu Gast in Paris. Die Erfahrung in der paralysierten Metropole lässt die ukrainische Autorin über das Verarbeiten von Angst, hervorgerufen durch Krieg und Terror, reflektieren.

Das historische und kulturelle Gedächtnis europäischer Staaten steht zunächst im Fokus des Essays. Ausgehend von den Kollaborateuren mit dem Vichy-Regime und dem Versagen der Linksintellektuellen während des Zweiten Weltkriegs reist Sabuschko durch die französische Geistesgeschichte von Sartre über Derrida bis hin zu Houellebecq. Wo liegen die Parallelen zwischen dem Einmarsch der Nationalsozialisten in Frankreich und der russischen Besatzung der Krim seit 2014?

»Oksana Sabuschkos prophetisch anmutender Essay nimmt den russischen Angriffskrieg in der Ukraine als logische Folge einer von Scham und Schuld fehlgeleiteten internationalen Politik und nationaler Traumata vorweg – ein Aufruf zum bewussteren Umgang mit Geschichte und Kultur.« (Mareike Röhricht, Litlog)

Oksana Sabuschko
Planet Wermut

Essays
Aus dem Ukrainischen von Alexander Kratochvil
2012, 168 Seiten, € 19,00

Planet Wermut enthält Aufsätze über Fußball und Tschernobyl und Lars von Trier, über die politische Verantwortung im Zeichen virtueller Realitäten und – mit ihrem Essay über die Autorin in kolonialen Kulturen – einen programmatischen und für das ganze östliche Europa grundlegenden Text zu Feminismus und Postkolonialismus.

»Ganz und gar außergewöhnlich. Hemmungslos angriffslustig und voller Angriffsflächen. Ironisch, pathetisch, tieftraurig und versiert mit den neuesten Diskurswerkzeugen hantierend.« (Hans-Jost Weyandt, Spiegel)

»Sabuschko ist eine Meisterin des assoziativen Schreibens. Das verleiht ihren belletristischen Arbeiten einen besonderen Sog, einen großen narrativen Flow, der niemals nur an der Oberfläche bleibt.« (Katharina Granzin, Frankfurter Rundschau)

»Die ukrainische Powerfrau Oksana Sabuschko schreibt über Korruption und Verantwortung, Tschernobyl und Fussball. Mit kaltem Verstand und heissem Zorn.« (Martin Ebel, Tages-Anzeiger)

ISBN 978-3-99059-121-5

Published by arrangement with Beata Stasińska Literary Agency

Umschlag: & Co, www.und-co.at
Satz: AD
Druck: Florjančič

Literaturverlag Droschl Stenggstraße 33 A-8043 Graz
www.droschl.com